The Jewish Gospels:
The Story of the Jewish Christ

Daniel Boyarin

다니엘 보야린
유대배경으로 읽는 복음서

초판1쇄   2020.05.27.
지은이   다니엘 보야린
옮긴이   이학영
편집   이영욱
교정교열   박이삭

발행인   이영욱
발행처   감은사
전화   070-8614-2206
팩스   050-7091-2206
주소   서울시 강동구 암사동 아리수로 66, 401호
이메일   editor@gameun.co.kr

ISBN   9791190389082
정 가   16,500원

이 도서의 국립중앙도서관 출판예정도서목록(CIP)은 서지정보유통지원시스템
홈페이지(http://seoji.nl.go.kr)와 국가자료종합목록시스템(http://www.nl.go.
kr/kolisnet)에서 이용하실 수 있습니다. (CIP제어번호 : CIP2020017992).

유대배경으로 읽는 복음서

다니엘 보야린 지음

이학영 옮김

친구를 찾고 선생을 구하라는

우리의 현인들의

두 가지 가르침 모두를

이루어준

Aharon Shemesh, נ를 위하여

|목차|

잭 마일스(Jack Miles)의 서문

'전 세계에서 위대한 랍비 학자 둘 혹은 셋을 꼽으라면 그 중 한 명에—심지어 가장 위대한 학자로도—손꼽힐 정도로 저명하면서도 보수적인 랍비 다니엘 보야린'(Daniel Boyarin)은 얼마 전 목소리를 낮추어 나에게 그의 생각을 조심스럽게 털어놓은 적이 있다. 이처럼 보야린의 견해는 은밀하게 전해졌다. 그 견해가 분명 랍비들을 곤란하게 만들었기 때문이다. 랍비들은 보야린의 견해를 따르는 사람들이 〔그 견해에 대한〕 탈무드의 근거들을 있는 그대로 알 수 있게 될 것이라 생각했다. 기독교인으로서 내 생각을 털어놓자면 보야린의 견해는 기독교인들도 똑같이 곤란하게 만든다. 신약성경에 대한 그의 독창적인 해석이 〔우리의 기존 해석과〕 동등한 근거를 가졌음을 인식하게 된 기독교인들 말이다.

보야린의 탁월한 견해가 곤란을 일으키는 이유는 〔유대인과 기독교인〕 서로 간에 상호적으로 확립된 한 쌍의 정체성을 흐릿

하게 또한 복잡하게 만들기 때문이다. 그의 업적은 이러한 상호
관계의 개념을 정확히 파악하고, 랍비들과 복음서 저자 모두를
대담하게 다시 읽는 작업 한가운데로 그 관계를 끌고 온 것이
다. 그 결과는 깜짝 놀랄 만한 것이어서, 일단 당신이—유대인
이든 혹 기독교인이든—보야린이 완수한 작업을 이해하고 나
면, 〔당신의 진영에서 보는〕 성경의 가장 친숙했던 구절들조차 갑작
스레 전혀 낯설게 느껴질 것이다.

근간의 개인적인 예화를 통해 이 점을 가장 잘 설명할 수
있을 것 같다. 하지만 먼저 "상호적으로 확립된 정체성들"이 의
미하는 바가 무엇인지를 보여주는 작은 비유로 상황을 설명하
고자 한다. 우리 이웃 중에 벤자민〔Benjamin〕, 조슈아〔Joshua〕라는
이름의 쌍둥이를 가진 가족이 있다고 하자. 그들은 일란성이 아
니라 이란성이기 때문에, 외형이 닮지 않았고 또 다른 여러 면
에서도 차이가 있다. 벤〔Ben〕은 번잡함 속에서 부족한 재능을
채워가는 호전적인 경쟁가이자 운동선수이다. 반면 조쉬〔Josh〕
는 현재 여자친구 다음으로 기타를 애정하는 싱어송라이터이
다. 운동선수들이 많은 가족 안에서 태어난 엄마는 애정을 담아
벤에 대해 말한다. "그 아이는 거칠어요. 상남자죠." 반면 아빠
는 음악가와 낭만주의자가 많은 가족 안에서 태어났으며 조쉬
를 애지중지한다.

쌍둥이였기에 아기였을 때부터 침대를 함께 썼던 벤과 조

쉬는 서로를 아주 잘 안다. 다른 사람들은 모르지만 벤은 조쉬와 일대일로 농구를 붙으면 자신이 질 수 있다는 것을 안다. 반면 한번도 침대 밖으로 새어 나간 적은 없지만 조쉬는 벤이 달콤한 테너 목소리로 화음을 부를 수 있다는 것을 안다. 그러나 시간이 지날수록 그들이 스스로에 대해서 아는 것은 점차 덜 중요한 문제가 되었고, 그들이 누구인지에 대해 수긍되는 설명이 가족 안에서 더욱 확고해져 갔다. 벤은 운동선수이며 싸움을 좋아한다는 것에 가족 모두가 동의한다. 조쉬는 가수이며 사랑꾼인 것으로 결정났다. 서서히 두 형제 스스로도 가족의 그러한 설명을 받아들였다. 벤은 자신도 노래를 부를 수 있다는 사실을 거의 잊어버리게 되었다. 조쉬는 운동을 그만뒀으며 올해에는 홈커밍 경기조차도 가지 않았다. 가족의 부추김 속에서 그들은 결국 단순하게 확립된 자신들의 정체성을 서로 간에 받아들였다.

공교롭게도 쌍둥이는 모두 보야린이라는 선생님을 가장 좋아한다. 학교에서 둘 모두를 잘 알고 지낸 보야린 선생님은 일전에 추수감사절 저녁 식사에 초대를 받았다. 으레 그렇듯이 저녁 식사 후에는 손님을 위해 가족 앨범이 펼쳐졌다. 두 아이 모두를 좋아하는 보야린 선생님은 축구 장비를 갖춘 5학년 조쉬—벤이 아니라 조쉬다—의 사진을 보고 그것에 관해 물었다. 그러고 나서 보야린 선생님은 학교 졸업식에서 국가를 부르는 벤

—조쉬가 아니라 벤이다—의 사진도 발견했다. 벤이 명예롭게
도 그 자리에 뽑힐 수 있었던 이유는, 피그네이틀리〔Pignatelli〕선
생님께서 벤의 목소리를 듣고 그가 멋진 소프라노임을 아셨기
때문이다. 가족들은 아이들 각자가 가진 특성과 어울리지 않는
모습들을 보며 낄낄대고 웃었다. 하지만 보야린 선생님은 조용
히 주의를 기울였고 그가 보기에—완전히 감춰진 것까지는 아
니라 하더라도—각 아이들에게서 경시된 측면이, 기회가 드러
나면 변화될 여지가 있다고 확신했다.

다니엘 보야린은 유대교와 기독교를 조쉬와 벤의 관계처럼
본다. 스포츠냐 음악이냐의 문제가 아니다. 문제는 유대인들이
어떻게 그들의 하나님과, 그리고 인류의 대다수인 이방인들과
관계를 맺었는지에 대한 질문—이 질문은 항상 중요하긴 하지
만 그럼에도 주후 70년 유대 성전 파괴 이후 시기에서 특별히
더 중요하다고 할 수 있다—에 있다. 성전 파괴 이전에는 이 핵
심 사안에 관해서 논쟁하는 다양한 사상 학파들이 있었다. 하지
만 성전이 참혹하게 파괴된 이후에 살아남은 무리는 랍비들과
기독교인들뿐이었다. 신학적으로는 차이가 있었지만 조쉬와
벤이 분명 한 가족 안에서 한 형제인 것처럼, 그들 모두 유대적
〔Jewish〕이라는 사실엔 틀림이 없었다. 보야린은 그들 사이의 차
이점은 모두 겨우 수십 년이 아니라, 처음 수세기 동안에 한 가
족 안에서 나타난 것이며, 그들은 여전히 한 가족 안에 머물러

있었다는 대담한 주장을 펼친다. 서로 간에 비판이 점차 고조되어 기본적으로 형제라는 의식을 압도하고, 분명하게 규정되진 않았어도 본래 하나였던 정체성이 상호적인 두 정체성으로 세워지는 데에는 그렇게나 오랜 시간이 걸렸다. 보야린이 유감스러워하는 것은 이 두 정체성이 〔상대방을〕 부정하는 방법으로 격론을 벌이게 되었고 그 결과 〔각 정체성이〕 단순화되고 거칠어졌다는 점이다. 그 이전에는 분명 가장 밑바탕에 있는 신념, 의식, 믿음에 대해서 양쪽 모두 아무런 문제 없이 자신의 것이라 인정했을 터였다. 이것은 마치 벤의 증손들이 자신들의 핵심 정체성으로서 "우리는 절대로 기타에 손도 대지 않아. 그들은 기타를 치기까지 해. 그게 바로 그들의 실체야"라고 믿도록 교육받은 것과 같다. 또한 같은 방식으로 조쉬의 후손들도 "우리는 절대로 축구공을 만지지도 않아. 그런데 그들은 축구를 해. 그게 바로 그들의 실체야"라는 뻔한 사실에 일생을 걸도록 교육받은 것과 같다.

* * *

예수께서는 코셔〔Kosher〕를* 지키셨는가? 그것이 그분을 기

---

* 코셔는 유대인의 음식 계율인 카슈루트〔kashrut〕에 의하여 먹기에 합당한 음식으로 결정된 것을 말한다. 카슈루트는 먹기에 합당한 음식

독교인이 아니게 만들었는가? 곧 읽게 될 본서의 제3장〔"예수께
서는 코셔를 지키셨다"〕에서 보야린은 다음과 같이 말한다.

> 1세기와 2세기 초―심지어 더 후기―예수 운동의 개념들과 의식들
> 〔그 전부는 아니라 하더라도〕 대부분은 우리가 '유대교'〔Judaism〕의 것
> 으로 간주하는 개념들과 의식들의 일부분으로 이해되는 데 별 무
> 리가 없다. … 사실 삼위일체와 성육신 개념 혹은 그런 개념들의
> 초기 단계는 이미 유대인 신자들 중에 존재했었다. 이는 예수께서
> 스스로 성육신하시기 전에, 말하자면 그러한 신학적 개념들을 나
> 타내시기 전부터, 그리고 메시아로서 소명을 시작하시기 전부터
> 존재했었다.
>
> 하지만 예수 운동 개념들의 유대적 배경은 내가 여기서 그리고
> 자 하는 새로운 그림의 일부에 불과하다. 초기 예수 공동체들의
> 유대인적 성격〔Jewishness〕에 대한 가장 설득력 있는 증거들은 대부
> 분 복음서 그 자체로부터 나온다. … 대부분의 견해들과는 정반대
> 로 마가의 복음서에 따르면 사실 예수께서는 코셔를 지키셨다. 다
> 시 말해서 예수께서는 자신이 토라를 폐지하는 것이 아니라 오히
> 려 그것을 지킨다고 여기셨다. 앞으로 논의하겠지만, 어떻게 해야
> 율법을 가장 잘 지키는 것인지에 대해서는 일부 유대인 지도자들

과 그렇지 않은 음식을 철저히 구분하고 있으며, 먹기에 합당한 음식
을 가리켜 '코셔'라고 부른다―역주.

사이에 논쟁이 있었으나, 율법을 **지킬지 말지**에 관해서는 결코 어떠한 논쟁도 없었다. 마가복음에 따르면(심지어 마태복음은 더 하다), 예수께서는 토라의 율법들과 의식들을 버리시는 것과는 거리가 멀다. 오히려 그분은 토라에 대한 바리새인들의 위협에 맞섰던 ─토라에 대한 확고한─옹호자셨다.

바리새파는 예루살렘과 유대 지방을 거점으로 유대인들 내부에서 벌어졌던 일종의 개혁 운동이었다. 바리새인들은 타유대인들이 하나님과 토라에 대하여 자신들이 갖고 있는 사고방식─기록된 토라의 의식들 중에 나타난 변화들, 곧 바리새인들이 "장로들의 전통"이라 부르는 것에 의해 의무화된 변화들을 포함하는 사고방식─으로 바꾸길 원했다. … 따라서 다른 유대인들, 이를테면 갈릴리 예수와 같은 여타 유대인들이 그러한 시도들을 토라에 대한 모욕과 모독으로 여겨 격렬하게 반대했을 것이란 생각은 충분히 개연성이 있다.

마가복음 7장에 대한 보야린의 해석─그는 기독교가 전통적으로 유대인의 음식법과 정결법에 대한 공격으로 해석해왔던 부분을 오히려 그 법들을 지켜내는 내용으로 뒤집는다─은 놀라우리만치 설득력 있으면서도 동시에 전혀 예기치 못한 해석들 중 하나라 할 수 있다. 보야린의 해석은─그의 손을 거쳐─실제로 "복음서들 자체로부터 나오는 … 초기 예수 공동체들의 유대적인 성격에 관한 설득력 있는 증거"가 된다. 부정할 것은 없다. 보야린은 예수께서 바리새인들—랍비 유대교의 창시자들까지는 아니라 하더라도 그 전조가 되는 자들—을 공격하셨다는 사실을 부정하지 않는다. 하지만 예수께서 그들과 모세 사이에 얼마나 명백한 차이를 두셨는지, 그리고 모세와 함께 토라를 지켜내기 위해 얼마나 애쓰셨는지를 인식한 기독교 주석가들은 거의 없다. 보야린은 바로 이 차이를 강조함으로써 이 싸움을 다시 유대인 가족(the Jewish family)의 문제로 들여온다.

여기서 개인적인 사례를 하나 들고자 한다. 2011년 10월 30일, 나는 캘리포니아 산타아나에 있는 메시아 교회(Church of the Messiah)에서 다음과 같은 복음서 구절을 들었다.

예수께서 무리와 제자들에게 말씀하여 이르시되, "서기관들과 바리새인들이 모세의 자리에 앉았으니 그러므로 무엇이든지 그들이 가르치는 바는 행하고 따르되 그들이 하는 행위는 따르지 말라. 그들은 그들이 가르치는 바를 행하지 않기 때문이니라. 그들은 감당하기 힘든 무거운 짐들을 묶어 다른 사람의 어깨에 지우되, 자기는 한 손가락으로도 그것들을 움직이려 하지 아니하느니라. 그들은 모든 행위를 사람에게 보이고자 하나니 곧 그 경문 곽을 넓게 하며 옷술을 길게 늘어뜨리느니라. 그들은 잔치의 윗자리와 회당의 높은 자리와 시장에서 문안 받는 것과 사람에게 랍비라 칭함

을 받는 것을 좋아하느니라. 그러나 너희는 랍비라 칭함을 받지
말라. 너희 선생은 하나요, 너희는 다 학생이니라. 땅에 있는 자를
아버지라 하지 말라. 너희의 아버지는 한 분이시니 곧 하늘에 계
신 이시니라. 또한 지도자라 칭함을 받지 말라. 너희의 지도자는
한 분이시니 곧 그리스도(Messiah)시니라. 너희 중에 큰 자는 너희
를 섬기는 자가 되어야 하리라. 누구든지 자기를 높이는 자는 낮
아지고 누구든지 자기를 낮추는 자는 높아지리라. (마 23:1-12,
NRSV).

예수께서는 분명 시대를 통틀어 가장 위대한 논쟁가 중 한
분이셨다. 웹스터 대학사전(*Webster's College Dictionary*)에서 "바리
새인"(Pharisee)이라는 단어의 두 번째 정의가 "경건한 척하며 자
기 의를 세우거나 혹은 위선적인 사람"이 된 것은 그분 덕분이
다. 또한 마태복음 본문에서 예수께서 비판하시는 경건한 척하
며 자기 의를 세우고 위선적인 사람들이 서로를 "랍비"라고 부
른다는 사실은 분명하다. 그러나 우리가 성경을 포함한 모든 텍
스트들을 '이미 아는 것'을 전제로 읽는다는 사실도 분명하다.
감독교회(Episcopalians)가 그들의 성직자들을 "아버지"라 부르고,
로마가톨릭교회가 교황을 "거룩한 아버지"라 부르는 것이 "땅
에 있는 자를 아버지라 하지 말라. 너희의 아버지는 한 분이시
니 곧 하늘에 계신 이시니라"에 말씀을 쉽사리 빠져나갈 수 있

는 것은, **아버지**라는 용어가 이러한 기독교 배경 안에서 나쁜 의도로 사용되는 것이 아니란 점을 '모두가 알기' 때문이다. 더 정확히 말하자면, 대부분의 기독교 해석가들은 예수의 명령 곧, "서기관들과 바리새인들이 모세의 자리에 앉았으니 그러므로 **무엇이든지 그들이 가르치는 바는 행하고 따르라**"는 명령을 똑같이 쉽게 빠져나간다. 이 본문을 수년간 보고 들어왔지만, 2011년 10월 30일, 이 서문의 초고를 생각하면서야 비로소 나는 **무엇이든지 그들이 가르치는 바는 행하고 따르라**는 말씀에 정말로 닿을 수 있었다. 보야린의 책을 읽은 이후, 나는 모세의 율법을 경건한 척하며 자기 의를 세우고 위선적으로 이용하는 것에 맞서, 경건한 척을 하지 않고 자기 의를 세우지 않으며 위선적이지 않게 모세의 율법에 충성하는 것을 변호하는 내용으로 이 본문을 읽을 수 있게 되었다.

따라서 나는 다시 같은 질문을 되묻고자 한다. 예수께서는 코셔를 지키셨는가? 예수께서 율법에 대해 전혀 반대하지 않으셨다면, 왜 코셔라고 지킬 수 없으셨겠는가? 생각해보면 유대인들의 메시아가 유대인과 같이 먹는 것을 거부했다는 생각이 더 어색하지 않은가? 당신이 만일 유대인 독자가 되어 이 서문을 읽기 원한다면, 앞서 본서 3장에서 인용한 부분의 첫 문단 말미로 되돌아가서 그것을 다시 읽어보길 바란다. "삼위일체와 성육신 개념 혹은 그런 개념들의 초기 단계는 이미 유대인 신자들 중에 존재했었다. 예수께서 스스로 성육신하시기 전에, 말하자면 그러한 신학적 개념들을 나타내시기 전부터, 그리고 메시아로서 소명을 시작하시기 전부터 존재했었다." 삼위일체는 유대적인 개념인가? **성육신**은 어떠한가? 그렇다! 그리고 만일 이러한 생각들이 말도 안돼 보인다면, 그저 나는 이렇게 권할 뿐이다. 계속 읽으라. 보야린은 예수께서 스스로에게 사용하신 **사람의 아들**〔Son of Man〕—이 칭호는 단순히 인간이란 의미이긴 하지만, 분명한 것은 역설적으로 더 온전한 표현, 말 그대로 왕 혹은 메시아를 나타내는 칭호인 **하나님의 아들**〔Son of God〕이란 표현보다 오히려 더 신성을 드러낸다—이란 낯선 칭호의 유대적인 배경을 깊이 있고 자세하게 분석하는데, 그것을 읽고 난 이후에는 아마도 그 내용이 더 설득력 있어 보일 것이다.

* * *

다니엘 보야린이 기독교인들에게 첫 번째로 도전하는 것은 종교적인 오리지널리티〔originality〕에 대한 주장 일부를 버리라는 것이다. 두 번째는 이른바 고귀한 '교회의 보편성 안에 민족성이란 없다'는 기독교인들의 믿음을 넘어서서 생각해보라는 것이다. 더 초기의 저작인 『급진적인 유대인: 바울과 정체성의 정략』〔*A Radical Jew: Paul and the Politics of Identity*〕에서, 보야린은 바

울이 다음과 같이 쓴 것을 기독교인들이 기억해야 한다고 촉구
한 바 있다.

> 더 이상 유대인도 헬라인도 없으며, 종도 자유인도 없으며, 남자와
> 여자도 없다. 너희 모두가 그리스도 예수 안에서 하나이기 때문이
> 다. 너희가 그리스도에 속한 사람이면, 너희는 아브라함의 후손이
> 요. 약속에 따른 상속자들이다. (갈 3:28-29, NRSV).

또한 바울은 다음과 같이 기록한 바 있다.

> 그러면 내가 묻는다. 하나님께서 자기 백성을 버리신 것인가? 결
> 코 그럴 수 없다. 나도 이스라엘인이요, 아브라함의 후손이요, 베
> 냐민 지파에 속한 사람이다. 하나님께서는 미리 아신 자기 백성을
> 버리지 않으셨다. (롬 11:1-2, NRSV).

개척자와 같은 전례 없는 자유로움과 솔직함으로 기독교인
의 성경을 다루는 다니엘 보야린은 유대계 미국인 학자 세대에
속하는 사람이다. 그들은 바울이 가말리엘(유명한 초기 랍비)
의 문하에서 "조상의 율법의 모든 점에서 철저하게 훈련 받은
것"(행 22:3)을 자랑했다고 여긴다. 또한 이방인들을 위해 예수
에게서 불필요한 부분을 제거한 인물로 봤던 이전의 견해와는

달리, 바울을 예수보다 훨씬 더 랍비적인 인물로 본다.

　기독교인들에게 남자와 여자의 구별이 궁극적으로는 일시적인 것이 사실이다. 그들은 궁극적으로 "그리스도 예수 안에서 하나"이기 때문이다. 하지만 그 전에는 다시 말해 종말 이전까지는 대개 남자는 남자로, 여자는 여자로 남아 있다. 대개는 바울도 그와 같이 남자와 여자를 [달리] 대한다. 바울은 모든 차이에 대한 반대자가 아니었다. 유대인과 이방인 사이의 차이에 대해서도 마찬가지였다. 바울은 헬라인으로 태어난 디도는 할례를 받지 않고도 기독교인이 될 수 있다고 완강하게 주장했다. 기본적으로 동일한 맥락에서 그는 할례 받지 않은 유대인 디모데를 향해서는 할례를 받아야 한다고 주장했다. 이는 유대인과 헬라인 모두의 유익을 위해서였다. 디모데는 기독교인이 될 수 있었다. 맞다. 하지만 그런 경우에조차 그는 여전히 유대인—그리스도 유대인[Christian Jew]—으로 남아 있었다. 다르게 말하자면, 유대인 그룹은 기독교인 그룹이 시작되기 더 이전부터 있었다. 오히려—이 지점이 바로 보야린이 우리의 생각을 넓히고 바로 잡으려는 부분이다—유대인들은 그러한 기독교인 그룹에서 손님이 아니라 주인이다. 의식[관습]에 있어서는 애당초 그랬으므로 다시 그렇게 될 수 있고, 적어도 사상과 이론에 있어서는 심지어 지금도 그렇게 될 수 있다고 보야린은 주장한다.

　그러고 나서 보야린은 유대인을 향해서도 자신들의 모습을 생각해보라고, 적어도 이러한 역사적인 역할 속에서 스스로를 그려보라고 도전한다. 천년이 넘는 시간 동안 기독교로부터 받은 경멸과 박해에도 불구하고, 심지어 유대교와 유대인의 세계는 역사적으로도 실존적으로도 **끝났다**는 악하고 차별적인 주제가 법으로 만들어져 극에 다다른 나치의 유대인 대학살(Nazi Shoah)에도 불구하고 말이다. 이는 유대인이 기독교와 맺고 있는 관계가, '새로운 것은 진실이 아니다. 진실은 새롭지 않다'라는 무의미한 입장에 결코 멈춰서 있지 않음을 더욱더 인지하는 일이다. 하지만 언제나 자궁 안에서 싸움을 벌였던 쌍둥이의 모습을 넘어, 유대 지도자들은 다른 측면을 선언해 오기도 했다. 유대인의 사고방식들 중 한 거센 지류는 언제나 세계 참여—세계 종교 무대에서 극적이고 결정적으로 승리하는 것—를 원했기 때문이다. 주의 말씀이 선지자 스가랴에게 와서 다음과 같이 말한 바 있다.

> 따라서 나 만군의 주가 말한다. 그 때가 되면 언어가 다른 모든 이방 민족으로부터 사람 열 명이 모든 유대인의 옷자락을 붙잡고 "우리가 너와 함께 가겠다. 하나님께서 너희와 함께 계신다는 말을 들었다"라고 말할 것이다. (슥 8:23, JPS *Tanakh*).

열 명의 **이방인**(*goyim*)이 모든 **유대인**(*yid*)의 팔꿈치를 붙잡는다? 과연 얼마나 많은 유대인들이 **이 일**에 준비가 되어 있을까? 스가랴의 환상과 관련하여 틀림없이 희극적인 무언가가 있다. 이 환상은 필립 로스〔Philip Roth〕의 소설 『샤일록 작전』〔*Operation Shylock*〕을 생각나게 한다. 이 소설에서 "디아스포리즘"〔Diasporism〕—재정착한 이스라엘인들로 유럽에 새로운 식민지를 심는 기묘하고 웅장한 꿈—의 한 지지자는 유대인들이 어떻게 받아들여질지 상상한다.

> "바르샤바〔Warsaw〕 기차역에 유대인들을 태운 열차 한 대가 돌아온다면 어떤 일이 벌어질지 알지? 그들을 환영하는 수많은 무리가 있을 거야. 사람들은 기뻐하며 눈물 흘릴 거고 또 소리 칠거야. '우리의 유대인들이 돌아왔다! 우리의 유대인들이 돌아왔다!' 그 광경은 텔레비전을 통해 전 세계로 중계되겠지." (『샤일록 작전』, 45).

이상하게 보이기도 하고 심지어 희극적으로 보이기도 하지만, 이러한 모티프는 이스라엘의 집단적인 자기 이해에 있어서 낯선 것은 아니다. 이사야서에서 주 하나님께서는 "쫓겨난 이스라엘 사람을 모으시는" 데서 그치지 않으시고, "이미 모아들인 사람들 외에 더 모아들일 것이다"라고 말씀하신다(이사야 56:8, JPS *Tanakh*). 이러한 흐름은 다음과 같은 모습을 그리며 단락 끝에 나타난다. 솔로몬의 성전에서는 환영받지 못할 것이라 생각하며, 자기를 혐오하는 고자들과 겁먹은 외국인들은 언젠가 그것이 아니었음을 깨닫게 될 것이다. "주께서 '내 집은 만민이 기도하는 집이라 일컬음이 될 것임이라'고 선포하셨기" 때문이다(56:7).

이러한 장래의 모습은 웃음이 나게 만든다. 이는 앞선 예화처럼 음악 선생님이 선호하는 남자 소프라노로 뽑혀 국가를 부르는 벤—가족 안에서 축구 선수로 꼽히는 벤—의 사진을 보고 웃는 것과 같다. 또한 축구 장비를 갖춘 조쉬—가족 안에서 음악인으로 꼽히는 조쉬—의 사진을 보고 웃는 것과 같다. 가족 앨범(그들 각각의 성경을 의미한다)은 거짓을 나타내지 않았다. 그렇지 않은가? 그날 벤의 최고음은 "자유우우우의 땅" 부분에서 치솟았다. 또 조쉬는 실제로 게임에서 터치다운을 기록하지 않았는가? 그들의 역사—가족 앨범 안에 담긴 모습처럼 그들이 공유한 초기의 삶—는 성인이 된 그들의 인생 안에 더 나은 가능성이 있다는 중요한 실마리를 감춰버렸다. 그것을 보는 데는 보야린 선생님의 끈기와 성실이 필요하다.

끈기 있고 성실한 다니엘 보야린은 지금까지 수십 년 동안 학자적인 노력을 기울여 왔다. 그런데 보야린의 방대한 작업 중 하나인 『경계선: 유대-기독교의 분할』(*Border Lines: The Partition of Judaeo-Christianity*)의 진지한 독자들이 증언하듯이, 심지어 지적

으로 잘 훈련된 독자라 하더라도 그가 해온 작업을 받아들이는
데는 상당한 끈기와 성실함이 필요하다. 하지만 본서는 위압적
이지 않고 또 의도적으로 쉽게 쓰이기도 했다. 지금껏 다니엘이
써왔던 책들 중에서 가장 독자 친화적인 책이며, 이 점은 아마
도 앞으로도 변함없을 것이다. 타협하지 않는 능력과 엄격할 정
도의 정직함을 갖추었고 또 관습에 얽매이지 않으면서도 그 아
래에는 언제나 변함없이 선한 의지와 해학을 가진 선장 밑에서,
거친 바다를 상쾌하게 항해하는 모습을 떠올려 보라. 그의 안내
를 따라 육지로 거슬러가다 보면, 비록 숨이 가쁠 수도 있고 또
햇볕에 심하게 탈 수도 있지만, 분명히 전에 보지 못한 땅과 바
다―기독교와 유대교―를 보게 될 것이다.

　부디 즐거운 여행이 되시기를.

잭 마일스

감사의 말

이 책이 나오기까지 수년 동안 큰 도움을 준 친구들에게 먼저 감사를 표현하고 싶다. 칼린 바튼(Carlin Barton), 아델라 야브로 콜린스(Adela Yarbro Collins), 존 콜린스(John J. Colins), 수전 그리핀(Susan Griffin), 조엘 마커스(Joel Marcus), 존 마일스(John R. Miles), (에이전트 그 이상이었던) 앤디 로스(Andy Ross), 이샤이 로젠-츠비(Ishay Rosen-Zvi), 엘리야후 스턴(Eliyahu Stern), 그리고 (편집자 그 이상이었던) 마크 파브로(Marc Favreau)에게 감사를 표한다. 이 책은 발전하고 성숙하는 시기를 거쳤다. 가장 중요한 발전이 이루어진 곳으로는 가브리엘 보카치니(Gabriele Boccacinni)가 지휘했던 네 번의 에녹 세미나를 꼽을 수 있다. 그리고 라이프스발드(Greifswald) 비센샤프트 콜렉(Wissenschaft Kolleg)에서, 학계에서 더 대접받아 마땅한 안드레아스 베덴벤더(Andreas Bedenbender)가 멋지게 조직하고 이끈 두 번의 여름 세미나도 있다. 개별적으로 또한 전체적으로 이루어진 이러한 모임들에서 함께 한 모든 이들에게 감사를 표한다. 최종적인 결론을 온전히 지지할 사람이 있을지 모르겠다. 어떤 이들은 다소 격렬하게 반대를 표현할 수도 있으리라 생각한다.

2011년 7월, 그린필드에서,

다니엘 보야린

서론

기독교인들이 그들의 종교에 관하여 알고 있는 **한 가지 분명한 점이 있다면**, 그것은 바로 그들의 종교가 유대교가 아니란 점이다. 유대인들이 그들의 종교에 관하여 알고 있는 한 가지 분명한 점이 있다면, 그것은 바로 그들의 종교가 기독교가 아니란 점이다. 서로를 부정하는 두 그룹이 알고 있는 한 가지 분명한 점이 있다면, 그것은 바로 기독교인들은 삼위일체와 그리스도(메시아를 뜻하는 그리스어 단어)의 성육신을 믿는다는 것이고. 유대인들은 믿지 않는다는 것이다. 또한 유대인들은 코셔〔kosher〕를 지킨다는 것이고, 기독교인들은 지키지 않는다는 것이다.

상황이 이렇게 단순하다면 얼마나 좋겠는가. 본서에서 나는 〔우리가 알던 것과〕 매우 다른 역사 이야기를 하고자 한다. 유대인들과 기독교인들이 지금보다 훨씬 더 서로 뒤섞여있었던 시대의 이야기, 많은 유대인들이 성부, 성자와 유사한 개념을 믿고, 심지어 메시아 안에서 이뤄진 성자의 성육신과 유사한 개념을 믿었던 시대의 이야기, 그리고 예수의 추종자들이 유대인으로서 코셔를 지키고, 유대교와 기독교의 차이에 대해 지금처럼 심각하게 문제삼진 않았던 시대의 이야기를 전하고자 한다. 예수께서는 많은 유대인들이 기대했던 방식으로 오셨는데, 그것은 곧 두 번째 신적 존재가 인간으로 성육신한 것이다. 당시에 문제는 '신적 메시아가 오는 것인가?'가 아니라, 단지 '나사렛에서 온 이 목수가 우리가 기대하고 있는 그분(the One)이 맞는가?'였다. 이에 대해 어떤 유대인들은 "그렇다"라고 답했고, 또 어떤 유대인들은 "아니다"라고 답한 것은 어찌 보면 당연하다. 오늘날 우리는 ("그렇다"라고 답한) 첫 번째 그룹을 기독교인이라 부르고, ("아니다"라고 답한) 두 번째 그룹을 유대인이라 부르지만, 당시 상황은 지금과는 전혀 달랐다.

당시에 모든 사람들은—예수를 받아들였던 사람들이건, 받아들이지 않았던 사람들이건 간에 모두—유대인이었다(실제 고대 용어로는 이스라엘인(Israelite)). 사실상 유대교란 것도 기독교란 것도 없었다. 사실 당시엔 아직 "종교"(religion) 개념, 곧 사람들이 소속되거나 혹은 소속되지 않는 식의 수많은 종교들 중 하나라는 개념은 나타나지 않았는데, 이러한 상황은 이후로도 수세기 동안 이어졌다. 기독교의 경우 3세기에 이르면서(혹은 심지어 더 이른 시기에) 기독교인들이 스스로를 부르는 호칭이 되었지만, 유대인들은 근대 시기에 이르러서야, 곧 대략 18세기 혹은 19세기 어느 시점에 이르러서야 비로소 자신들의 언어로, 자신들의 종교를 나타내는 이름을 갖게 되었다. 그전까지 유대인의 종교를 의미하는 유대교(Judaism)란 용어는, 오직 비-유대인들(non-Jews)에 의해서만 사용되었다.

그렇다면 이제 우리는 무엇에 대해 말하고자 하는가? 우리는 어떤 구별된 단체 곧 '종교'라는 분리된 영역을 말하고자 하는 것이 아니며, 유대인들의 '신앙'은 더더욱 아니다. 우리는 유대교라 불리는 종교가 아니라, 이스라엘(백성)에 대한 충성을 이루는, 제의들과 관습들, 믿음들과 가치관들, 역사적·정치적 충성이 어우러진 집합체에 대해서 말하고자 한다. 유대교가 기독교와 같은 식의 종교라는 명제가 모순임을 인지하기 위해서, 최근에 있었던 사건 하나를 생각해 보고자 한다. 2011년 3월, '뉴욕타임즈'는 미국 내 다양한 그룹들을 대상으로 이루어진 사회, 과학적 삶의 만족도 조사 결과를 발표했다. 아시아계 미국인들은 '가장 행복한' 민족 그룹으로 여겨졌던 반면, 유대인들은 '가장 행복한' 종교 그룹으로 여겨졌는데, 이에 따르면 아시아계 미국인 유대인들(Asian American Jews)이 미국에서 가장 행복한 사람들이라는 결론이 도출된다. 하지만 이러한 결론은 분명 문제가 있다. 왜냐하면 사실 우리 모두는 유대인과, 아시아계 미국인 모두를 민족으로 판단하기 때문이다. 이와는 달리

기독교는 결코 민족이라는 범주로 여겨지지 않는다. 사실상 우
리에게 있어서, 유대성(Jewishness)은 대단히 혼합적인 범주이다.
이것은 민족과 종교 중 어느 한 쪽의 범주와만 연결되지 않는
다. 이와 관련하여 역사적으로 좋은 근거가 있다. 폴라 프레드
릭센(Paula Fredriksen)이 최근에 언급한 것처럼, "고대에 ⋯ 종교
(cult)는 민족적인 명칭이었다. 그리고 민족은 종교적인(cultic) 명
칭이었다."[1] 이러한 특징은 근대에 이르기까지 유대인들에게
해당되었고, 심지어 지금도 상당할 정도로 그 흔적이 남아있
다.[2] 나는 유대교(Judaism)라는 용어가 시대착오적이라는 것을
알지만, 그럼에도 본서에서는 유대인 삶의 일부분, 이를테면 하
나님에 대한 순종, 예배, 믿음과 관련된 부분을 가리키기 위해
서 편의상 '유대교'란 용어를 사용하고자 한다.

예루살렘 성전은 고대 세계에서 가장 인상적인 종교 중심
지 중 하나였으며, 그 화려하고 웅장한 모습으로 인해 당시 세
계 곳곳에서 유명세를 떨쳤다. 대부분의 민족들은 많은 종교 중

---

1.   Paula Fredriksen, "Mandatory Retirement: Ideas in the Study of
      Christian Orgins Whose Time Has Come to Go," in *Israel's God and
      Rebecca's Children: Christology and Community in Early Judaism and
      Christianity: Essays in Honor of Larry W. Hurtado and Alan F. Segal*, ed.
      David B. Capes *et al.* (Waco, TX: Baylor University Press, 2007), 25.

2.   나는 이러한 개념을 다음과 같은 제목의 책에서 더 발전시켰다. *How
      the Jews God Religion* (New York: Fordham University Press, 2013).

심지를 가지고 있었지만, 이스라엘인들은 수세기 동안—주전 7세기 요시아의 개혁 때부터, 주후 70년 제2성전이 무너질 때까지—그들의 모든 희생제사를 (적어도 공식적으론) 예루살렘 성전, 단 한 곳에서만 드렸다. 예루살렘 성전이 아직 남아있었을 때, 대부분의 유대인들은 성전과 관련된 절기들과 제의들, 성전의 제사장들과 의식들을 중심으로, 자신들의 종교적인 삶을 세워나갔다. 알렉산드리아와 같이 먼 곳에 사는 유대인들의 경우 〔예루살렘 성전으로〕 기부금을 보냈다. 적어도 원칙적으로는 모든 이스라엘인은 위대한 절기들을 기념하기 위해서, 일 년에 세 번, 예루살렘에 있는 단 하나의 성전으로 성지순례를 떠나야 했다. 이처럼 성전은 수많은 불일치와 다양성을 초월하여 모든 사람을 연결시키고, 단결케 하는 원리를 제공했다. 그러나 이마저도 항상 그런 것은 아니었으며, 예루살렘 성전이 타락했다는 이유로 거부했던 사해문서 공동체와 같은 이들도 있었다.

그러나 주후 70년 성전이 파괴되자, 모든 것이 수포로 돌아갔다. 어떤 유대인들은 할 수 있는 한 최대한으로 희생제사를 계속하길 바랐다. 반면에 어떤 유대인들은 그러한 의식들을 전적으로 거부하기 시작했다. 또 어떤 유대인들은 성전 시대에 중요했던 정결 의식들을 계속해서 실천해야 한다고 생각했다. 하지만 또 어떤 유대인들은 그러한 의식들이 이제는 부적절하다고 생각했다. 토라에 대한 해석들도 서로 달랐으며, 하나님에

대한 개념들, 어떻게 율법을 지킬 것인지에 대한 생각들도 서로
달랐다. 이후 바벨론 포로(주전 538년)에서 돌아온 제사장들과,
교사들(서기관들)에 의해 다시 세워진 예루살렘에서, 새로운
종교 개념들과 의식들이 발전하기 시작했고, 그것의 많은 부분
들이 소위 바리새파로 불리는 그룹에 의해 채택되었다. 바리새
파는 자신들과 다른 전통 의식들을 가진 예루살렘 밖 유대인들
—소위 그 땅 백성(People of the Land)이라 불리며 바벨론의 포로
로 끌려가지 않았던 유대인들—사이에서 자신들이 채택한 개념
들을 공격적으로 주창했다.

　　이처럼 당시에 종교적으로 유대인이 되는 것은, 지금보다
도 훨씬 더 복잡한 사안이었다. 예루살렘에는 아직 랍비들도,
심지어 제사장들도 없었고, 시골 지역은 그들과 떨어져 있었다.
그뿐만 아니라, 팔레스타인 안팎으로 많은 유대인들이 있었는
데, 특히 이집트 알렉산드리아와 같은 곳에 사는 유대인들의 경
우, 선하고 경건한 유대인이 된다는 것이 어떤 의미인지에 대해
서 아주 다른 개념을 가지고 있었다. 어떤 이들은 정결한 유대
인이 되기 위해서, 단 한 분의 신적 존재만을 믿어야 하며, 이외
에 다른 어떤 믿음은 그저 우상숭배에 지나지 않는다고 생각했
다. 또 어떤 유대인들은 하나님께서 모든 천사들 가운데 신적
대리자나, 대사, 심지어 아들을 드높이셨고, 높임을 받은 이가
창조, 계시, 구속에 있어서 하나님과 세계 사이에서 중재자 역

할을 했다고 믿었다. 많은 유대인들은 구원이 한 인간을 통해서, 다윗 가문의 숨겨진 실제 후손—아나스타샤—을 통해서 이루어질 것이라고 믿었으며, 어느 시점이 되면 그녀가 왕위를 차지하고, 군사력을 갖추어 이스라엘의 적들을 물리치고 이전의 영광을 되찾아줄 것이라 생각했다. 어떤 유대인들은 인간이 아니라, 위에서 언급한 두 번째 신적 존재에 의해서 구원이 이루어질 것이라고 믿었다. 또 다른 유대인들은 이 두 존재가 사실은 동일한 한 존재이며, 다윗 가문의 메시아가 신적 구원자가 될 것이라 믿었다. 계속해서 언급했듯이 당시 상황은 상당히 혼잡했다.

지금까지는 기독교인이든 비기독교인이든 거의 모든 사람들이 예수를 인간으로, 즉 유대인으로 언급하는 것만으로도 충분히 만족했다면, 나는 이제 그 이상의 단계로 넘어가길 원한다. 나는 우리 모두가 그리스도—신적 메시아—역시 유대인임을 보게 되길 바란다. 기독론 혹은 그리스도에 대한 초기 개념들 또한 유대적인 이야기이며—훨씬 이후까지도—이는 결코 반-유대적인〔anti-Jewish〕이야기가 아니다. 예수 시대 많은 이스라엘인들은 메시아가 신〔적 존재〕이면서도, 인간의 형태로 이 땅에 올 것이라 기대하고 있었다. 따라서 〔유대인 안에〕기본적으로 내재하는 생각들로부터 삼위일체와 성육신 개념 모두가—예수가 태어난 바로 그 세계 안에서, 또한 마가복음과 요한복음에서 예수에 관해 처음으로 기록된 세계 안에서—자라날 수 있었다.

이쯤 되면—아주 오랜 과거로부터 가져온—이러한 이야기들이 왜 오늘날 우리 모두에게 중요한 문제가 되는지 궁금해할 만하다. 나는 이러한 논의가 〔이전과는 다른〕 한 가지 차이를 만들어 내길 기대하는데, 그것은 바로 미래에는 유대인들과 기독교인들이 서로에 관해 〔지금과는〕 다른 이야기를 할 필요가 있다는 것이다. 한편으로 기독교인들은 하나님이신 예수, 육체를 입고 오신 예수를 유대인들이 고의적으로 거부했다고 더 이상 주장할 수 없게 될 것이다. 유대인들에 대한 이러한 생각들은 반-유대주의〔anti-Judaism〕, 반-셈족주의〔anti-Semitism〕라는 장구한 역사, 고통스러우며 피비린내 나는 역사로 이어져 왔다. 수많은 고대 유대인들은 사실 예수를 하나님으로 완전히 받아들였었다. 유대인들이 그렇게 할 수 있었던 이유는 그들이 가지고 있었던 믿음과 기대가, 그들을 그러한 방향으로 이끌어 갔기 때문이다. 물론 하나님에 대하여 이들과 비슷한 개념들을 가지고 있었던 또 다른 유대인들은 겉보기엔 특별하지 않은 한 유대인이 바로 그들이 기다려왔던 분이란 사실을 믿기 어려워하기도 했다.

또 한편으로 유대인들은 하나님에 대한 기독교인의 개념들이 완전히 "비-유대적"〔Un-Jewish〕인 개념들이라는 비난, 곧 이교적이고 기괴한 망상에 그치는 개념들이 뒤섞인 것에 불과하다는 비난을 멈춰야 할 것이다. 인간의 몸속에 계신 하나님이라니! 물론 기독교인의 개념들이, 고대 유대인의 종교적 개념들이 뒤섞인 집합체 속에 깊게 뿌리내리고 있음을 인식한다고 해서, 우리 유대인들이 그런 개념들을 받아들이는 것은 아닐 것이다. 그러나 분명 우리 유대인들에게 기독교인의 개념들이 아주 이질적인 것만은 아니란 점을 깨닫도록 도와줄 것이다. 그 개념들은 우리 유대인들로부터 나왔으며, 때로는 가장 오래된 이스라엘인들이 가졌던 유대적인 개념들 중에서도 있었다. 한편 특정 부류의 "진보적인" 현대 기독교 변증가들, 이를테면 필립 풀먼〔Philip Pullman〕(『황금나침반』〔His Dark Materials〕의 저자)과 같은 이들은 "악한 그리스도"로부터 "선한 예수"를 떼려는 작업을 이제 그만 멈춰야 할 것이다. 나는 예수 운동의 매우 초기부터, 예수와 그리스도가 하나였음을 주장하는 바이다. 낯선 그리스 개념들의 영향을 받아 나중에야 신으로 승격되는 도덕적이고 종교적인 선생을 떠올리는 것은 더 이상 가능하지 않다. 더욱이 그분의 본래 메시지가 왜곡되고, 사라진 채로 말이다. 신-인간 메시아로서 예수라는 개념은 기독교 운동의 매우 초창기로, 예수 자신에게로, 심지어 그보다 더 이전으로 거슬러 올라간다.

체크리스트와 가족: 그리스도-유대인과 비-그리스도-유대인

내가 본서 전체에서 구별하여 사용하는 "그리스도-유대인"

〔Christian Jews〕과 "비-그리스도-유대인"〔Non-Christian Jews〕이란 용어들은, 기독교인과 유대인을 대조적으로 생각하는 사람들에겐 놀랄 만한 표현일지도 모르겠다. 하지만 그리스도 이후 초반 몇 세기를 자세히 살펴보면, 이러한 구별 방식이 바로 우리가 당시 유대인의 종교 역사를 보는 방식이 되어야 함을 깨닫게 될 것이다. 하지만 거기까지 가기 전에 먼저 종교가 무엇인지에 관해 우리가 굳게 붙들고 있는 몇몇 전제들을 의심해보는 것이 도움이 될 것 같다.

현대인들에게 종교는 뚜렷하게 정의되는 경계선을 가진, 고정된 신념들의 모음이라 할 수 있다. 〔이러한 맥락에서〕 우리는 자주 우리 자신에게 묻는다. 기독교는 어떤 신념들을 금지하는가? 기독교는 어떤 의식들을 요구하는가? 우리는 유대교, 힌두교, 이슬람교, 불교와 같은 소위 세계 종교에 대해서도 유사한 질문들을 던진다. 물론 이러한 방식의 이해는 한 사람이 유대인이면서 동시에 기독교인이 될 수 있다는 생각을 허튼 소리로 만든다. 둘은 대조적인 용어로 해석되기 때문이다. 유대인은 기독교인의 정의에 적합하지 않고, 기독교인 역시 유대인의 정의에 적합하지 않다. 이 두 종교 사이에는, 둘 모두를 아우르는 것을 불가능하게 만드는 불양립성이 있다. 본서에서 나는 그러한 개념이 항상 사실에 부합하는 것은 아니며, 특히 초기 유대교와 기독교의 상황을 잘 그려내지도 못한다는 것을 주장하고자 한다.

우리는 자주 일종의 체크리스트를 사용하여 종교들의 구성
원을 정의한다. 이를테면 어떤 이들은, 누군가 삼위일체와 성육
신을 믿는다면 그 사람은 기독교의 구성원이라 할 수 있지만,
만약 그것들을 믿지 않는다면 기독교의 진정한 구성원은 아니
라고 말한다. 반대로 또 어떤 이들은 누군가 삼위일체와 성육신
을 믿지 않는다면 그 사람은 유대교의 구성원이라 할 수 있지
만, 만약 그것들을 믿는다면 유대교의 진정한 구성원은 아니라
고 말한다. 마찬가지로 어떤 이들은 누군가 토요일에 안식일을
지키고 코셔 음식만을 먹으며 아들에게 할례를 행한다면 그 사
람은 유대교의 구성원이라 할 수 있지만, 만약 그러한 것들을
하지 않는다면 유대교의 구성원은 아니라고 말한다. 혹은 반대
로 어떤 그룹이 모든 사람은 안식일을 지키고 코셔 음식만을
먹으며 아들에게 할례를 행해야 한다고 믿는다면, 그들은 기독
교인들이 아닐 것이〔란 얘기를 듣는〕다. 하지만 만약 그들이 앞서
말한 관습들이 대체되었다고 믿는다면, 그들은 기독교인들이
라 할 수 있다. 지금까지 내가 말한 것처럼, 이것이 바로 우리가
이 문제를 바라보는 일반적인 방식이다.

하지만 이런 식으로 사람들의 종교를 범주화하는 방식은
이내 어려움에 부딪치게 된다. 이를테면 누군가는 체크리스트
를 만들어야 한다. 그런데 어떤 특정한 믿음이 유대인이 되는

자격을 박탈한다는 것은 누가 결정하는가? 역사 곳곳에서 이러한 결정이 특정한 그룹들 혹은 개인들에 의해서 이루어졌고 또 다른 사람들에게 강요되기도 했다(물론 강요받은 사람들이 거절할 수도 있었다—결정권자들이 군대를 동원하지 않았다면 말이다). 이것은 마치 인구조사 양식에 있는 '인종'(race)이라는 체크리스트와 같다. 우리 중 일부는 분명 코카서스인이나 히스패닉, 혹은 아프리카계 미국인으로 사람을 정의하는 박스에 체크하는 것을 단호하게 거부할 것이다. 우리는 이런 식으로 정의되지 않기 때문이다. 오직 법과 법정, 군대만이 그들이 필요할 때에 한해서 그러한 방식을 강요할 수 있다. 물론 누군가는 (미국인과는 달리) 유대인과 기독교인이 되는 결정은 하나님에 의해서 이루어지는 것이며, 이런 저런 성경(구절), 혹은 이런저런 예언에 계시되어 있다고 주장할 지도 모른다. 하지만 이러한 주장은 신앙의 문제이지, 학문의 문제가 아니다. 신앙도 신학도 그 결정이 어땠어야 했는지를 말해야지, (이런저런 종교적인 권위를 가지고) 단지 결정난 것이 어떤 것인지만을 설명하는데 그쳐서는 안 된다.

이러한 체크리스트가 해결할 수 없는 또 다른 심각한 문제는, (유대교와 기독교) 두 체크리스트의 특징이 뒤섞인 믿음과 행동을 가진 사람들이다. 유대인과 기독교인에게 있어서, 이 문제는 쉽게 사라질 수 없는 문제이다. 예수의 죽음 이후 수세기 동

안, 성육신한 메시아로서 예수의 신성을 믿었던 사람들이 있었
다. 반면에 다른 유대인들과 같이 구원을 위해서는 오직 코셔
음식만 먹어야 하고 안식일을 지켜야 하며 아들에게 할례를 행
해야 한다고 주장했던 유대인들도 있었다. 바로 이것이 많은 사
람들이 유대인과 기독교인 둘 다가 되는 것에 전혀 문제가 없
다고 생각했던 환경이다. 유대인이 되거나 혹은 기독교인이 되
는 궁극적인 체크리스트에 들어간 많은 항목들이, 당시에는 어
떠한 경계선도 만들어내지 못했다. 이와 같은 사람들과 우리는
과연 무엇을 할 것인가?

예수께서 오신 이후 상당히 많은 세대 동안에 서로 다른 예
수 추종자들, 그룹들은 서로 다른 신학적 견해를 가지고 있었
고, 또한 조상들이 전해 준 유대 율법과 관계된 다양한 관습들
에 참여하고 있었다. 가장 중요한 신학적 논의들 중 하나는, 이
후 삼위일체의 처음 두 위격(성부, 성자)이 되는, 두 존재 사이의
관계와 연관이 있었다. 많은 기독교인들은 그 아들 혹은 로고스
(Logos)가 성부 하나님께 종속되며, 심지어 성부에 의해서 창조
되었다고 믿었다. 또 어떤 이들은 성자는 창조되지 않았으며 시
간이 창조되기 이전부터 존재하셨지만, 그럼에도 불구하고 성
부와 **유사한** 본질에 불과하다고 믿었다. 또 다른 세 번째 그룹
은 성부와 성자 사이에 본질상 어떠한 차이도 없다고 믿었다.
이뿐만 아니라 의식(관습)에 있어서도 기독교인들 사이에 뚜렷

한 차이점이 있었다. 어떤 기독교인들은 유대 율법의 상당수 (혹은 전부)를 지켰으나, 어떤 기독교인들은 일부 규칙들만 지켰고 일부 규칙들은 버렸다(예를 들어, 사도행전에 나오는 사도들의 규칙을 보라). 또 어떤 기독교인들은 율법 전체가 기독교인들(심지어 유대인으로 태어난 사람들)에 의해서 전복되거나 폐지될 필요가 있다고 믿었다. 결국에는 예수를 하나님의 어린 양, 유월절 희생제물과 연결지어 해석하며, 부활절이 유대인의 유월절 형태라고 생각하는 기독교인들도 나타났다. 물론 그런 식의 연결을 격렬하게 반대한 기독교인들도 있었다. 이처럼 유대인들이 유월절을 기념하는 때와 같은 시기에, 전자의 그룹〔부활절을 유월절과 연결지은 기독교인들〕이 부활절을 기념함으로써, 관습에 있어서 유사한 모습〔analogue〕이 나타나기도 했다. 하지만 후자의 그룹〔부활절과 유월절의 연결을 반대한 기독교인들〕은, 유대인들의 유월절이 부활절이 되어서는 안 된다며 필사적으로 반대했다. 물론 이외에도 다른 많은 갈등들이 있었다. 4세기 초반까지는 이처럼 서로 다른 그룹들과 다양한 개인들이 모두 자신들을 기독교인이라 불렀으며, 또한 상당히 많은 사람들이 스스로를 유대인과 기독교인 둘 모두라고 밝혔다.

체크리스트와 제국 종교
기독교인과 비-기독교인 사이, 유대인과 비-유대인 사이에 절대적인 경계선을 만드는 체크리스트식 접근 방식은, 기독교 로마제국 아래서 진가를 발휘했다. 로마제국은 그런 골치 아픈 문제들을 해결하는 것을 상당히 중요하게 생각했다.

오랫동안 사람들은 〔유대인과 기독교인 사이의 정체성 구별이〕 유연했던 시기가, 1세기 혹은 2세기에 나타난 절대적인 '갈림길' 〔parting of the ways〕로 인하여 끝이 났다고 믿었다. 이러한 논의는 이중적이다. 한편으로는 성전 자체가 연합시키는 힘을 가지고 있어서, 유대인이 가진 정체성의 핵심이 위협받지 않으면서도 다양한 모습들이 훨씬 더 유연하게 수용될 수 있었다. 하지만 주후 70년 로마인들에 의해 예루살렘 성전이 파괴되자, 유대인의 정체성을 계속해서 지켜내기 위한 다른 방식이 필요해졌다. 이에 따라 예수의 추종자들을 배제시키는 유대 정통〔Jewish orthodoxy〕이 만들어졌다. 또 한편으로는 초기에 〔유대인과 기독교인 사이에〕 갈림길을 만들어낸 것은 바로, 유대인이 가진 정체성의 핵심으로부터 이탈한 기독교였다는 주장도 있다. 나는 앞서 말한 다양성이 성전의 파괴와 함께 끝나지 않았으며, 그 이후로도 계속되었음을 주장하고자 한다. 많은 사람들이 최근까지(또한 어떤 사람들은 여전히) 그러한 다양성은 야브네〔Yavneh〕 회의, 곧 주후 90년 즈음에 이루어졌다고 여겨지는 한 회의에서 끝

이 났다고 생각했다.[3] 탈무드 전설에 따르면, 이 회의는 (4세기
와 5세기에 있었던 대규모 기독교 에큐메니칼 공의회들과 마찬
가지로) 대규모의 유대 에큐메니칼 회의라 할 수 있는데, 바로
이 야브네 회의에서 모든 분파적인 차이점들이 폐지된다. 여기
서 모든 유대인들은 바리새파-랍비 전통을 따르는 것에 동의했
다. 이 전통에 동의하지 않는 사람들은 추방되었고, 유대 조직
체를 떠나게 되었다. 하지만 이와 같은 주장들은 대체로 최근의
학계에서는 의심을 받고 있다. 이런 식의 주장들은 사실 일부
학자들에 의해서 만들어진 것인데, 그들은 기독교 정통이 선포
되었던 후대 고대 기독교 공의회를 모델로 삼아, 특히 그 유명
한 니케아 공의회와 그 뒤를 이은 콘스탄티노플 공의회를 어느
정도 모델로 삼아 그런 식의 주장을 펼친 것이다.

주후 381년 콘스탄티노플에서, 니케아 공의회 이후에 반세
기 동안 진행된 협의를 근거로 하여 각종 차이점들을 제거하는
결정적인 조치가 취해졌다.[4] 앞서 주후 318년 새로운 기독교인
황제 콘스탄틴은 에큐메니칼 공의회를 열어 전 세계 기독교 교

---

3.   Shaye J. D. Cohen, "The Significance of Yavneh: Pharisees, Rabbis, and
      the End of Jewish Sectarianism," *Hebrew Union College Annual* 55
      (1984): 27-53.

4.   이 과정에 대한 최고의 역사적인 설명들 중 하나를 보려면 다음을 보
      라. R. P. C. Hanson, *The Search for the Christian Doctrine of God: The
      Arian Controversy 318-381 AD* (Edinburgh: T&T Clark, 1988).

회들로부터 감독들(bishops)을 소집하여 니케아(오늘날 터키의 이즈니크(Iznik) 지역)로 불러들인 바 있었다. 이는 여러 문제를 해결하고 기독교 교회와 공동체의 평화를 회복하기 위함이었으나, 오히려 그들 사이에 존재하는 수많은 불화와 갈등, 반감만이 뒤따르는 결과를 낳았다.

　니케아에서 표출된 주요 문제들 중 일부는, 성부와 성자의 관계를 정확하게 정의하고자 하는 신경(creed)에 관한 문제였다. 또 일부는 정확한 부활절 날짜 그리고 부활절과 유대인의 유월절과의 관계와 같은 관습에 관한 문제였다. 첫 번째 문제에 대해서는, 성자가 성부와 본질이 동일하다고 결정되었는데, 이러한 결정이 이루어진 곳이 바로 니케아다. 다시 말해 니케아에서 성부와 성자가 정확히 동일한 신적 본질을 가진 두 위격임이 결정되었다. 또한 정통 교회들 안에서 부활절과 유월절의 날짜상, 주제상의 연관성이 완전히 끊어졌다. 결국 니케아와 콘스탄티노플에서 기독교가 유대교로부터 완전히 분리되어 세워졌다고 할 수 있다. 기독교는 민족이나 지리적인 위치, 혈통을 근거로 자신들의 경계를 정의내릴 수 없었기 때문에, 유대교로부터 스스로를 분리시킬 명확한 방법들을 찾아내는 것이 급선무였다—그리고 앞서 말한 공의회들은 이러한 목적을 달성하고자 필사적으로 노력했다. 이것은 역사적으로 로마 제국의 권력과 교회의 권위에 힘을 실어주는 부수적인 결과를 낳았는데, 완전

히 구별되는 "정통" 유대교의 존재의 이면엔 바로 그 힘〔로마제
국과 교회가 가진 힘〕이 있다. 적어도 법률적인 관점에서 보면 유대
교와 기독교는 4세기에 완전히 구별된 종교가 된다. 그 이전에
는 누구도 (물론 하나님은 제외하고) 사람들에게, 그들이 유대
인인지 아닌지, 혹 기독교인인지 아닌지를 말할 권위를 갖고 있
지 않았다. 실제로 많은 사람들은 둘 모두를 택했다. 예수 시대
에, 예수를 따랐던 사람들은 모두—심지어 예수께서 하나님이
심을 믿었던 사람들조차—유대인이었다!

　　니케아에서 이루어진 결정들은 전통적인 유대교가 가진 믿
음, 의식과, 새롭게 만들어진 정통 기독교 사이를 확연하게 분
리시키는 결과를 낳았다. 성자를 성부와 완전히 동등하게 정의
함으로써, 또한 부활절이 유월절과 완전히 무관하다고 주장함
으로써, 그 목적들이 모두 달성되었다. 이로써 니케아 공의회와
콘스탄티노플 공의회 사이에 스스로를 기독교인으로 여겼던
많은 사람들이 즉시 기독교로부터 제거되었다. 심지어 단지 유
월절 날짜에 부활절을 지키는 정도로만(수세기 동안에 거의 모
든 소아시아 교회들이 그랬다) 유대교 관습을 따랐던 기독교인
들조차 이단으로 선언되었다. 이처럼 우리가 현재 기독교라고
이해하는 것은 실제적으로 니케아 공의회가 만들어 냈다. 또한
정말 묘하게도 우리가 현재 유대교라고 이해하는 것 역시 니케
아 공의회가 만들어냈다.

니케아 공의회와 콘스탄티노플 공의회 사이 70년에 걸쳐,
믿음의 방식 혹은 기독교인이 되는 방식을 말하는 선택지, 특히
유대인이면서 동시에 기독교인이 될 수 있는 선택지는 취사선
택의 과정을 통해서 제거되었다. 이제는 더 이상 예수를 믿는
것과 안식일에 회당에 가는 것을 동시에 할 수 없게 되었으며,
그렇게 하도록 내버려 두지도 않았다. 또한 니케아에서 교회 지
도자들이 말한 것처럼, 성부와 성자가 구별되는 위격이면서도
정확히 동일한 본질임을 믿어야 했다. 하나님으로부터 난 하나
님은 공식과 같았다. 당신이 만약 교회 지도자들이 말한 것처럼
〔동일본질을〕 믿지 않는다면, 당신은 기독교인이 아니라 유대인
이며 또한 이단이다. 유대교와 기독교 사이를 절대적으로 분리
시키려는 이러한 노력은, 더 나아가 당시에 수많은 반-유대주
의 담화를 만들어 냈으며, 이는 거의 우리 시대까지도 지속되고
있다(아직도 완전히 사라지지 않았다). 요한 크리소스톰〔John
Chrysostom, 주후 349-407〕의 "유대인을 논박함"〔Against the Jews〕이
란 설교는 이러한 상황을 보여주는 좋은 사례라 할 수 있다.[5]

---

5. Robert L. Wilken, *John Chrysostom and the Jews: Rhetoric and Reality in the Late 4th Century* (Berkeley: University of California Press, 1983).

* 가톨릭사전〔Catholic Encyclopedia〕을 보라: "특정한 교회 저술가들은 교
회 전체에 자신들의 교리를 전달하여 큰 유익을 끼쳤는데, 이로 인
해 교회학자라는 호칭을 얻기도 했다. 서구교회의 경우 네 명의 탁월
한 교회학자들이 중세시대 초기에 이런 명예를 누렸다. 대-그레고리

새로운 정통을 가장 열성적으로 변호했던 이들 중 한 명은 제롬(St. Jerome)이었다. 정확하진 않지만 흔히 제롬(주후 347-420)이란 이름으로 잘 알려진 그는, 4세기 후반과 5세기 초반에 가장 중요한 기독교 학자, 사상가, 저술가 중 한 사람이었다. 로마교회로부터* 네 명의 '교회학자'(doctors of the Church) 중 한 명으로 여겨졌던 제롬은 히브리어와 헬라어에서, 라틴어로 불가타 성경(Latin Vulgate)을 번역했다(이 번역본은 계속해서 가톨릭교회의 공식적인 라틴어 성경으로 사용된다). 제롬은 또한 초기 그리스 기독교인 저술가들(특히 오리겐의 작품들)을 라틴어로 소개한, 가장 중요한 번역가 중 한 명이었다.

우리는 제롬이, 자신보다 더 유명한 동료이면서 또 한 명의 교회학자인 히포의 아우구스티누스에게 쓴 탁월한 편지들, 즉 새로운 정통을 변호하기 위한 최고의 전략에 대하여 생생하게 기록한 편지들을 가지고 있다. 그 중 한 편지에서 제롬은 다음과 같이 말한다.

우리 시대 동쪽에 있는 모든 회당 곳곳에, 미네이(Minei)라고 불리는 한 유대 분파가 존재한다. 이 분파는 심지어 지금 바리새파에게서도 비난을 받고 있다. 이 분파의 추종자들은 보통 나사

오(St. Gregory the Great), 암브로시우스(St. Ambrose), 아우구스티누스(St. Augustine), 제롬(St. Jerome, 히에로니무스)."

렛파〔Nazarenes〕로 알려져 있는데, 그들은 동정녀 마리아에게서 난, 하나님의 아들 그리스도를 믿는다. 또한 그들은 본디오 빌라도 아래서 죽임을 당했던 그가 다시 부활했으며, 우리가 믿는 분과 같은 존재라고 말한다. 이들은 유대인과 기독교인 둘 모두가 되기를 바라지만, 결코 유대인도 기독교인도 아니다.[6]

제롬의 텍스트를 자세히 살펴보는 것은, 내가 이제껏 지적해왔던 것들을 설명하는 데 분명 도움이 될 것이다. 제롬은 니케아 신경의 정통을 믿는 한 무리의 사람들을 설명하고 있다. 그들은 그리스도께서 하나님의 아들이신 것과, 동정녀에게서 태어나신 것, 그리고 십자가에 못박혀 죽으시고, 다시 살아나신 것을 믿었다. 하지만 그들은 여전히 자신들이 유대인이라고 생각했다—그들은 회당에서 기도했고 안식일을 지켰으며, 음식법과 다른 규례들도 지켰다. 사실 그들은 결코 '기독교인'과 '유대인'을 서로 다른 두 개의 범주로 여기지 않았으며, 오히려 하나의 복합적인 범주로 여겼다. 제롬의 묘사에서는 정확히 알 수 없지만, 그들은 아마도 일종의 유대교 제의〔ritual〕를 실천하고 있었을 것이다. 제롬은 그들이 기독교인이라는 주장을 거부했

---

6. Jerome, *Correspondence,* ed. Isidorus Hilberg, *Corpus Scriptorum Ecclesiasticorum Latinorum* (Vienna: Verlag der Osterreichischen Akademie der Wissenschaften, 1996), 55:381-82. (나의 번역).

다. 그들은 자신들이 유대인이라고 주장했기 때문이다. 또한 제롬은 그들이 유대인이라는 주장도 거부했다. 그들은 자신들이 기독교인이라고 주장했기 때문이다. 제롬은 유대인과 기독교인 둘 모두가 될 수 있다는 가능성을 분명하게 거부했다. 제롬의 세계관 안에서 그것은 불가능한 일이었다. 제롬에게 있어서 (우리에게도 마찬가지지만), 유대인과 기독교인 둘 모두가 되는 것은 상호 배타적인 가능성에 불과했다. 그러나 니케아 신경을 고백했던 이 유대인들에게는 어떠한 모순도 없었다. 오늘날에도 하시딤(Hassidic) 유대인들―그들 중 일부는 메시아가 왔고, 죽었으며, 부활할 것이라 믿는다―도 있고, 하시딤 운동을 철저히 거부하는 유대인들도 있지만 그럼에도 그들 모두가 유대인으로 여겨지는 것과 마찬가지로, 고대 세계에서도 그리스도를 믿었던 유대인들도 있었고 믿지 않는 유대인들도 있었지만 그럼에도 그들은 모두 유대인으로 여겨졌다. 완전히 정확한 묘사는 아닐지라도 쉽게 떠올릴 수 있는 비교를 해보자면, 비-그리스도-유대인들과 그리스도-유대인들의 관계는 오늘날 유대인과 기독교인의 관계보다는 오히려 오늘날 가톨릭교인과 개신교인의 관계에 더 가깝다고 할 수 있다―이처럼 종교를 그룹들로 나누는 것이 언제나 조화를 이루거나 서로의 정통성을 인정하는 방향으로 가는 것은 아니지만, 그럼에도 중요한 의미에선 여전히 하나의 실체라고 인식하는 것과 같다.

유대인과 기독교인 사이에 절대적인 구별이 있다는 정통 개념을 보호하기 위해서, 제롬은 기독교인도 유대인도 아닌 제 3의 범주를 '만들어내야' 했다. 이 범주는 콘스탄틴 황제가 소집한 니케아 공의회의 결정들에 의해서 그리고 로마제국 법과 테오도시우스(Theodosius) 황제의 법령에 의해서 뒷받침되었고, 이에 따라 제롬은 어떤 사람은 기독교인이 아니라고 강압적으로 선언할 수 있었다. 더 놀라운 것은 제롬이 어떤 사람은 유대인 또한 아님을 (자신이) 결정할 수 있다고 주장한 것이다. 그들은 제롬이 가진 유대인 정의에 들어맞지 않았기 때문이다. 하지만 콘스탄틴 이전에는 그 누구도 어떤 사람이 기독교인이 아니라고, 혹은 유대인이 아니라고 선언할 권한을 갖고 있지 않았다.

또한 제롬은 회당 지도자들에 관해서도 이야기했는데, 그 이야기 속 회당 지도자들 역시 어떤 사람은 유대인이 아니라고 비난하고 있다. 그들 역시 앞서 말한 사례와 유사한 방식 곧 한 그룹 밖으로 사람들을 축출해내는 체크리스트를 적용하고 있다.

하지만 여기서 끝나지 않는다. 제롬은 이처럼 유대인 아닌 이들(not-Jews), 기독교인 아닌 이들(not-Christians)의 분파에 아주 흥미로운 이름을 부여한다. 제롬은 그들을 **미네이**와 나사렛파라 부른다. 이러한 이름들은 얼핏 신비스러워 보이기도 하지만,

사실은 신비와는 전혀 거리가 멀다. 이 이름들은 (그것의 초기 형태들은 3세기부터 알려졌음에도 불구하고) 사실 5세기 제롬을 통해 처음으로 확실하게 드러난 랍비 기도문, 곧 저들의 분파를 대적하고자 쓰인 기도문에서 사용된 용어들이다. 이 기도문을 보면, 유대인들은 회당에서 반복적으로 다음과 같이 말하곤 했다. "미님〔minim〕에게 그리고 **노쯔림**〔Notzrim〕에게 어떠한 희망도 없게 하소서."

미님이라는 용어는 문자적으로 '유형'〔유사〕을 의미한다. 랍비들이 정결하다고 정의 내린 그룹에 속하지 못한 유대인들은, 그들에 의해 '유사' 유대인으로 불리며 완전한 주류가 되지 못했다. 여기에는 할라카적으로/신학적으로 완전히 바로 서지 못한 유대인들, 이를테면 예수를 추종하지만 여전히 유대인이었던 사람들도 포함되었다. 두 번째 용어 **노쯔림**(라틴어로 *Naza-renes*)은 보다 명확하게 나사렛〔Nazareth〕을 나타내는데, 이는 분명 기독교인을 가리키는 용어라 할 수 있다. 이 기도문이 제롬이 자신의 편지에서 언급한 바로 그 기도문일 가능성이 높다. 제롬이 주장한 바리새파의 비난 속에 이 그룹을 가리키는 두 이름이 정확하게 나타나기 때문이다. **미님**이라는 단어는 일반적인 의미에선 단순히 분파에 속한 사람들을 가리키는 것으로 보인다. 여기에는 유대교 율법을 따르면서도 니케아 신경을 고백하는 사람들도 포함된다. **노쯔림**은 이러한 유대인들의 기독교적인 성격을 더 분명하게 가리키는 단어였을 것이다. 하지만 제롬의 기록에 따르면, 심지어 이 단어조차도 기독교인을 향한 유대인의 일반적인 비난을 가리킨다기보다는, 오히려 〔자신들의 입장〕 차이를 정확하게 말하지 못했던 조악한 사람들, 곧 스스로를 〔유대인과 기독교인〕 둘 다라고 생각했던 사람들을 가리키는 단어였다고 할 수 있다.[7] 제롬은 아우구스티누스에게 쓴 자신의 편지에서, 유대인과 기독교인 둘 모두인 사람들〔both-Jews-and-Christians〕을 가리켜 "아무것도 아닌 사람들"〔nothing〕이라고 선언함으로써 그들의 위신을 완전히 실추시키고자 했는데, 랍비들(제롬은 시대착오적으로 "바리새파"라 부른다) 역시 유대인과 기독교인 둘 모두인 사람들이 회당에 올 때, 저주라는 수단을 통해 같은 목표를 이루고자 했다. 랍비들과 제롬 모두는 격분하여 〔유대인과 기독교인 둘 모두가 될 수 있는〕 가능성을 일말의 의심도 없이 부정했다. 그들 모두 계속해서 체크리스트들이 절대적이고 명확하게 유지되도록, 자신들을 둘 모두라 정의하는 이들의 위신을 실추시키려는 공모에 참여한다.

이와 같이 얼핏 악의가 없어 보이는 체크리스트는 단순한

---

7.   Reuven Kimelman, "Birkat Ha-Minim and the Lack of Evidence for an Anti-Christian Jewish Prayer in Late Antiquity," in *Aspects of Judaism in the Greco-Roman Period, vol. 2, Jewish and Christian Self-Definition,* ed. E.P Sanders, A.I. Baumgarten, and Alan Mendelson (Philadelphia: Fortress Press, 1981), 226-44, 391-403.

설명에 그치지 않았으며, 실제로는 권력의 도구로 사용되었다.
제롬이 고함쳤듯이 만약 당신이 니케아 신경을 믿고 회당 밖으
로 나오면, 당신은 기독교인이 될 것이다. 반면에 만약 당신이
회당에 머물며 기독교 교리에 대한 믿음을 버리면, 바리새파는
당신을 유대인이라 부르는 것에 동의할 것이다. 체크리스트 박
스에 정확하게 표시하라. 그렇지 않으면 당신은 기독교인도 유
대인도 아니게 된다. 랍비들과 제롬이—자신들이 유대인과 기
독교인 둘 모두라고 생각했던—**미님**과 나사렛파를 대적하여 싸
울 필요가 있었다는 바로 그 사실이, 그들이 실제로 존재했고
정말로 그렇게 믿었으며 또한 근심을 불러일으키기에 충분한
숫자였다는 것을 암시한다.

우리는—특히 중요한 초기시기에—유대인의 종교적인 경험
이 얼마나 다양했는지에 대하여 더 나은 사고방식이 필요하다.
다시 말해 유사점과 차이점이 더 크고 복잡하게 뒤얽힌 바탕
위에서 다양하게 나타난 사고의 흐름들, 사고의 소용돌이를 보
다 성공적으로 설명해 내야한다. 이는—규범적인 측면에서가
아니라—역사적인 측면에서 유대교를 표현해왔던 랍비들 그리
고 **노쯔림**에 대해서 논의하는 것을 가능하게 해준다.

우리가 지금까지 살펴본 것처럼 필연적으로 독단적인 배제
로 이어질 수밖에 없는 체크리스트, 곧 누가 유대인인지를 구별
하는 체크리스트 대신에 가족 유사성 개념을 사용하면, 예수의

죽음 이후에 있었던 종교적인 유연성 시기를 더 정확히 포착할 수 있게 된다. 한 문학자가 지적한 것처럼, "한 가족의 구성원들은 눈, 걸음걸이, 머리 색깔, 기질과 같은 여러 가지 유사한 특징들을 공유한다. 하지만 중요한 점은 바로 가족 구성원 모두에 의해 공유되는 특징들 한 세트가 존재할 필요는 없다는 것이다."[8] 유대-기독교 가족 모두가 공유하는 특징이 한 가지 있다면, 그것은 바로 히브리성경을 계시로 대하며 호소하는 것이다. 이와 유사하게, 우리가 (비록 시대착오적이긴 하지만) 기독교인이라고 부르는 모든 고대 그룹들에게 있어서 공통적이었다고 말할 만한 한 가지 특징이 있다면, 그것은 바로 예수에 대한 제자도〔형식〕이다. 하지만 이 특징은 의미있는 범주를 만들어낼 만큼, 충분한 깊이와 풍성함을 담아내지 못한다. 왜냐하면 다른 많은 중요한 방식들에 있어서 예수를 따르는 그룹들과, 무시하는 그룹들이 서로 유사했기 때문이다. 다시 말해서 예수를 무시하거나 거절했던 그룹들조차도, 예수를 따르는 그룹들과 연결되는—동시에 예수를 따르지 않는 다른 유대인들〔non-Jesus Jews〕과는 분리되는—몇몇 중요한 특징들(이를테면 인자에 대한 믿음)을 가지고 있었을 것이다. 반면에 예수를 따르는 어떤 유대인들은 자신들을—다른 예수 추종자들보다도 오히려—예수를

---

8. Chana Kronfeld, *On the Margins of Modernism: Decentering Literary Dynamics* (Berkeley: University of California Press, 1996), 28.

따르지 않는 유대인들과 더 가깝게 만드는 종교적인 삶의 측면 (바리새파를 따르거나 심지어 랍비 할라카를 따르는 모습)을 가지고 있었을 것이다.[9] 또한 예수를 따르는 일부 그룹들은—예수를 따르는 다른 그룹들이 예수와 연결되는 방식보다 오히려—예수를 따르지 않는 유대 그룹들이 여타 선지자들, 지도자들, 메시아들과 연결되는 방식과 더 유사한 방식으로 예수와 연결되었을 것이다. 즉 1세기 팔레스타인에 사는 어떤 유대인들은 신이 성육신한 메시아를 기대했지만, 예수께서 바로 그분이라는 것은 거절했다. 반면에 예수를 받아들였던 또 다른 어떤 유대인들은, 그분을 신이 아닌 오직 인간 메시아로 생각했다. 그러므로 가족 유사성이라는 모델은 초기 기독교까지 포함하는 유대교를 설명하기에 적절해 보인다. 이처럼 '유대교'에 대한 확장된 이해 방식은 그 이해의 범위 안에 가장 초기의 복음서 문학도 온전히 포함시키는데, 이는 곧 가장 초기의—또 어떤 면에선—가장 근본적이라 할 수 있는 기독교 텍스트를 유대적인 것으로 되돌리는 일이라고도 할 수 있다.

---

9. Albert I. Baumgarten, "Literary Evidence for Jewish Christianity in the Galilee," in *The Galilee in Late Antiquity,* ed. Lee I. Levine (New York: Jewish Theological Seminary of America, 1992), 39-50.

유대적인 복음서

이제는 거의 모든 사람들이 역사 속 예수께서 고대 유대인의 방식들을 따랐던 유대인이셨음을 인정한다.[10] 또한 복음서들과 심지어 바울의 편지들까지도, 주후 1세기 이스라엘 종교의 핵심 부분에 해당한다는 인식 역시 늘어나고 있다. 하지만 이보다 덜 인식되는 것은, 우리가 흔히 기독론이라 부르는 신-인간 메시아로서의 예수 이야기를 둘러싼 개념들이, 과연 그 시기 유대교의 다양성 가운데 (본질적인 부분까지는 아니더라도) 얼마만큼 자리를 차지했는가이다.

복음서를 그 시대 다른 유대문헌들의 맥락에서 읽게 되면, 복음서 자체가 매우 복합적인 다양성과, 당시 다양한 '유대교'〔유대신앙〕 변형들에 대해 관심을 드러낸다는 것을 알 수 있다. 마태복음을 1세기 한 '유대신앙' 갈래와 연결시키는 특징들도 있고, 요한복음을 또 다른 〔유대신앙의〕 갈래와 연결시키는 특징들도 있다. 이것은 마가복음뿐만 아니라, 심지어 일반적으로 '가장 덜 유대적인' 복음서로 여겨지는 누가복음도 마찬가지이다.

우리는 지금 '유대인'과 '기독교인' 사이의 경계들을 흐릿하

---

10. 감사하게도 "아리아인 예수"의 시대는 끝이 났다. Susannah Heschel, *The Aryan Jesus: Christian Theologians and the Bible in Nazi Germany* (Princeton: Princeton University Press, 2008).

게 만들면서, 초기 '유대교'와 기독교의 발달 과정 그리고 역사
적인 상황을 더 분명하게 만들고 있다. 그 시대를 토대로 당시
사회적인 환경을 보다 적절하게 반영하는 상황을 상상할 때, 즉
나사렛 예수를 믿었던 사람들과 예수를 따르지 않았던 사람들
이―오늘날 우리가 유대교와 기독교라 부르는 뚜렷하게 정의된
두 집단으로 분리되기보다는 오히려―다양한 면에서 서로 뒤섞
여 있었던 상황을 상상할 때, 우리는 복음서를 포함한 역사적인
문헌들이 가진 중요성을 더욱 잘 이해할 수 있게 된다.

다양한 유형의 유대인들 중에, 우리는 먼저 "개종자들(prose-
lytes), 하나님-경외자들(God-fearers) 그리고 **게림**(*gerim*)"을[11] 살펴
볼 것이다.* "개종자들"은 유대인들과 완전히 운명을 함께 하
는 비-유대인이었으며 그들은 결국 유대인이 되었다. 반면에
"하나님-경외자들"은 그리스인, 이교도인으로서의 정체성을
유지했지만 그럼에도 이스라엘의 하나님과 회당에 충실했던
사람들이었다. 그들은 한 분 하나님을 따르는 종교가 훌륭하다
고 생각했다. **게림**, 곧 일시 체류자들 혹은 이주자들은, 유대인

---

11.   Craig C. Hill, "The Jerusalem Church," in *Jewish Christianity
      Reconsidered: Rethinking Ancient Groups and Texts*, ed. Matt Jackson-
      McCabe (Minneapolis: Fortress Press, 2007), 50.

*   유대교로 들어간 사람들은 크게 개종자와, 하나님-경외자 두 부류로
      나뉘는데, 전자는 모세의 율법과 함께 할례까지 받은 비-유대인을 가
      리키고, 후자는 할례는 거부한 비-유대인을 가리킨다―역주.

들과 함께 "유대인들의" 땅에서 살았던 이방인들이었다. 그렇기에 이들에게는 정해진 토라 율법에 순종하는 것이 요구되었는데, 이를 통해 어느 정도 보호를 받고 특권도 누렸다. 최근에는 사도행전에 기록된 율법 곧 예수를 추종하는 이방인을 위한 율법을, 게림 역시 정확하게 지키도록 요구받았다는 점이 지적되고 있다. 이를 통해 이들에게조차 이스라엘 가족 안에 한 자리가 부여되었다. 이처럼 유대교와 기독교의 경계에 대하여 이야기하는 것은, 이전에 우리가 생각했던 것보다 훨씬 더 복잡한 일이다(그리고 훨씬 더 흥미로운 일이다).

예수를 믿는 것은 오늘날 우리가 유대교의 것이라 부르는 관습들과 신념들이 뒤섞인 복합체를 감싼 수많은 표현 중 하나였다. 하지만—관련된 모든 역사와 더불어 우리 시대가 갖고 있는 관점과는 반대로—예수를 믿는 것이 과연 당시 다양한 유대 그룹들 사이에서 가장 관심을 받거나 혹은 가장 중요했던 차이점이었는지는 더 이상 분명하지 않다. 나사렛 예수를 받아들이지 않았던 유대인들은, 예수를 받아들였던 유대인들과 많은 개념들을 공유했는데, 거기에는 오늘날 유대교와 기독교라는 두 종교 사이에서 절대적인 차이를 표시하는 개념들도 포함되어 있다. 이러한 개념들 중 어떤 것은 성부와 성자라는 개념, 심지어 성육신이라는 개념과—똑같지는 않지만—매우 가깝다. 그럼에도 이것에 관심을 기울이지 않는 것은, 단지 랍비들의—언어와 구체화된 의식들로 이루어진—종교라는 측면에서, 유대인 (유대인 예수 역시)을 그냥저냥 '유대적'으로 살피는 시대착오, 곧 신학적으로 잘못 세워진 시대착오를 계속해서 저지르는 것이다.

내가 하고자 하는 이야기는 양측의 권위자들로 인하여 잘려나간 가능성들, 즉 제롬과 같은 정통 기독교 지도자들과 "정통" 랍비—유대교에 있어 정통이라는 용어는 시대착오적이며, 심지어 잘못된 명칭이라 할 수 있다—혹은 '바리새파' 권위자들, 둘 모두로 인해 잘려나간 가능성들 중 하나이다. 이러한 가능성들을 재검토하는 것이 어떤 징조가 될지는 예측할 수 없다. 유대교와 기독교 사이에 절대적인 차이점이 있다는 가장 확고한 개념 중 하나는 바로, 기독교인들은 예수께서 하나님의 아들이심을 믿는다는 것이라 할 수 있다. 자 이제 함께 그곳으로 여행을 떠나보자.

제1장
하나님의 아들에서 사람의 아들로

예수께서는 누구이셨는가? 물론 전통적인 관점에서 "하나님의 아들"은 예수를 가리키는 결정적인 칭호일 것이다. 이 칭호로 인해 예수께서는 성부와 성자 그리고 성령이라는 삼위일체의 한 부분이 되신다. 예수께서 신으로 예배를 받으시는 것은 곧 하나님의 아들로서 예배받으시는 것이다. 또한 예수께서 세상을 구하기 위한 희생제물로 오셨다고 여겨지는 것도 바로 하나님의 아들로서 그런 것이다. 하지만 이 문제가 그렇게 간단하지만은 않다. 상당히 흥미롭게도, "하나님의 아들"이란 용어는 신약성경에서 예수를 가리키는 데 있어서 그렇게 자주 쓰이지 않는다. 바울은 예수를 지칭할 때 그보다도 훨씬 더 일반적인 용어인 "주"를 사용한다. 복음서에서 예수께서는 주로 "사람의 아들"〔개역개정 성경에서는 "인자"로 번역하고 있지만, "하나님의 아들"과의 대구를 위하여 본서에서는 "사람의 아들"로 번역하였다—역주〕로 불리신다

(혹은 실제로 자신을 그렇게 부르신다). 오늘날 대부분의 기독교인들은—적어도 이 칭호에 대하여 생각해본 사람이라면—사람의 아들이란 칭호는 예수의 인성을 가리키고, 하나님의 아들이란 명칭은 예수의 신성을 가리킨다고 생각할 것이다. 사실 이것은 대부분의 교부들의 해석이었다. 새로운 번역성경인 CEB〔Common English Bible〕에서는 심지어 "사람의 아들"을 "인간 존재"〔human one〕라고 번역하기까지 했다. 이 장에서 나는 마가복음의 경우 이 용어들의 의미가 이러한 통념에 거의 반대된다는 것을 보이고자 한다. 다시 말해 "하나님의 아들"은 이스라엘의 왕, 곧 다윗의 왕위에 앉은 현세의 왕을 가리키고, "사람의 아들"은 인간적인 존재가 아닌 천상의 존재를 의미한다는 것을 보이고자 한다.

"사람의 아들"이라는 칭호는 하나님으로서의 예수를 지칭하는 반면에, "하나님의 아들"이라는 칭호는 메시아 왕으로서의 지위를 가리킨다. 하지만 메시아란 누구이며, 이것이 그리스도와 어떠한 관계가 있는가? 솔직히 말해서, 메시아와 그리스도는 하등의 차이가 없는 정확히 같은 용어이다. 메시아(히브리어 발음으로 "마쉬아흐")는 그 이상도 그 이하도 아닌 정확히 '기름 부음을 받은 자'를 의미하며, 그리스도〔Christos〕는 그에 대한 그리스어 번역어로서, 역시 '기름 부음을 받은 자'를 가리킨다. 요한복음은 이에 관하여 분명하게 말해준다. "그가 먼저 자기의 형제 시몬을 찾아, 우리가 메시아를 만났다고 말했다(메시아는 번역하면 그리스도이다)"(요 1:41).*

인간 왕으로서의 하나님의 아들, 메시아

왕을 메시아라고 불렀던 이유는, 왕이 왕위에 오를 때에 문자 그대로 기름 부음을 받았기 때문이다. 왕위 등극식에 관한 가장 좋은 사례는 사무엘서에서 발견된다.

> 이때 사무엘이 기름병을 가져다가, 사울의 머리에 붓고 입을 맞추며 말했다. "여호와께서 네게 기름을 부어 그분의 유업의 지도자로 삼지 않으셨는가?" (삼상 10:1).

사무엘은 기름병을 가져다가 사울의 머리 위에 부은 후에야, 사울을 명백하게 이스라엘의 왕이라고 부른다. 이스라엘의 왕은 이스라엘의 통차자이자 지도자로, 그리고 하나님 앞에서 이스라엘을 대표하는 자로 하나님께 임명받은 것이다. 선지자 사무엘이라는 중재자를 통하여, 하나님께서는 직접 사울에게 기름을 부으시고, 그분의 유업, 즉 이스라엘을 통치하는 왕으로 세우셨다. 따라서 이스라엘의 왕은 히브리성경에서 여호와〔YHVH: 이하 여호와로 번역—역주〕의 기름 부음을 받은 자, 곧 여호와의 마쉬아흐〔Mashiach〕라고 불렸다. 왕위에 오를 때에 기름 부

음을 받는 모습이 나타나는 또 다른 이스라엘 왕들로는 다윗
(삼상 16:3), 솔로몬(왕상 1:34), 예후(왕상 19:16), 요아스(왕하
11:12), 여호아하스(왕하 23:30)가 있다. 미국의 가톨릭 성서학
자들의 수장인 조셉 피츠마이어[Joseph Fitzmyer]가 지적한 바와
같이, 히브리성경 어디에도 이 용어가 이스라엘의 왕과 이스라
엘의 하나님 사이의 특별히 밀접한 관계를 암시하고 있는 곳은
없다. 마찬가지로 이스라엘이 기다려왔던 미래의 신적 왕 역시,
그 어디에서도 이스라엘의 하나님과의 특별히 밀접한 관계가
있다고 암시되지 않는다.[1] 히브리성경에 나타난 마쉬아흐라는
용어는 더도 덜도 아닌, 그저 역사적으로 실제 이스라엘을 통치
했던 인간 왕을 의미한다. 사무엘상 10:1에서 언급된 사울을 잇
는 [기름 부음을 받은] "지도자"는 (다툼이 없진 않았지만) 왕정 시
대의 기틀이 된 [다윗] 왕조의 완전한 군주가 되었다. "여호와의
기름 부음을 받은 자"(메시아, 그리스도)라는 용어는 이 다윗을
지칭하는 명칭들 중 하나였다.

---

*   그리스도[Christ]는 대부분의 번역가들이 메시아[Messiah]를 유대[인]
      그리스어의 동의어로서 번역한 방식이며 내 생각에도 이것이 정확해
      보인다. 최근에 일부 번역가들은 문자 그대로 "기름 부음을 받은 자"
      [anointed]라고 번역하기도 하지만, 이것이 1세기까지 그 용어가 히브
      리어로 지녔던 뜻은 아니다. 그리스어로 그대로 두는 것이 더 낫다.

1.   Joseph Fitzmyer, *The One Who Is to Come* (Grand Rapids, MI: Eerdmans,
      2007), 9. 나는 이 부분에 대해서 Fitzmyer의 설명을 상당히 의존했다.

히브리성경에서 메시아가 언제나 실제 이스라엘을 통치했
던 역사적인 왕을 가리킨다는 사실은, 이하의 구절들을 살펴볼
때에 특히 더 중요하다.

세상 왕들이 나서며 통치자들이 서로 공모하여, 여호와와 그의 기
름 부음 받은 자(그분의 마쉬아흐)를 대적하며 … "내가 나의 왕을
내 거룩한 산 시온에 세웠다." 내가 여호와의 명령을 선포한다. 그
분이 내게 말씀하셨다. "너는 내 아들이다. 오늘날 내가 너를 낳았
도다." (시 2:2, 6-7).

이처럼 기름 부음을 받은 현세의 이스라엘 왕은 하나님에
게 아들로 취해지고, 하나님의 아들이 된 그는 이제 실제로 이
스라엘을 통치하는 왕이 된다. "오늘날 내가 너를 낳았도다"라
는 어구는 오늘날 그가 왕위에 오르게 되었다는 것을 의미한
다.[2] 여기에서 "오늘날"이라는 단어는, 왕이 실제로 하나님의
아들로, 신의 아들로 취해졌다고 문자적으로 읽는 것을 막아준
다. "오늘날"이라는 단어는 단지 그 날 시편의 화자가 왕위에
오르게 되었음을 의미하는 것 같다. 우리는 또한 시편 110편의

---

2. 확실히 왕의 인격은 신성화되는 특징이 있다. 더욱이 사울의 경우에
    서 본 것처럼, 황홀경 혹은 예언의 방편을 취하기도 한다(사울도 선
    지자들 중에 있느냐?).

결정적인 시구(이 구절은 권능자의 우편에 앉게 될 그리스도의 승귀 개념에도 일조한다[막 14:62])에서 왕이 곧 하나님의 아들이라는 표현을 확인할 수 있다. 시편 110편에서 우리는 "새벽의 태로부터 거룩한 광채로 내가 너를 낳은 곳에서 네가 이슬을 가지고 있도다"〔이 본문은, 시 110:3로 저자는 히브리성경을 직역했다—역주〕란 표현을 보게 된다. 이 구절은 악명이 높을 정도로 난해하기 때문에, 해석과 반박이 뒤섞인 복잡한 문제는 여기서 다루지 않을 것이다. 그러나 한 가지는 분명해 보인다. 여기에서도 하나님께서는 왕에게 "내가 너를 낳았다"〔여기에서 개역성경은 "얄두 테이하"를 명사로 읽어 "청년들"로 해석한 반면, 저자는 이를 동사로 읽고 있다—역주〕고 말씀하고 계신다.[3] 이러한 묘사의 요지는 초기에 "하나님의 아들"이라는 용어는, 신이 왕을 통해 인간으로 나타난 것〔incarnation〕이란 식의 어떠한 암시 없이, 그저 다윗 왕조의 왕을 가리키는 데에 사용되었다는 점이다. "내가 너의 아버지가 될 것이며, 너는 나의 아들이 될 것이다." 왕은 실제로 하나님과 매우 가까웠으며 아주 거룩한 사람이었지만, 그러나 신은 아니었다. 왕위는 다윗의 후손에게 영원히 약속된 것이었다.

하지만 이스라엘의 역사에서 아주 비극적인 일이 발생했

---

3.   A. Y. Collins and J. J. Collins, *King and Messiah as Son of God: Divine, Human, and Angelic Messianic Figures in Biblical and Related Literature* (Grand Rapids, MI: W.B. Eerdmans, 2008), 16-19.

다. 주전 6세기 예루살렘을 중심으로 하는, 주께 기름 부음 받은 자들의 왕국은 멸망하게 되었고, 다윗의 혈통은 사라지게 되었다. 열왕기하 25장의 이야기가 전하듯이, 느부갓네살 왕은 주전 597년에 예루살렘을 포위하고 시드기야를 속국 유다의 왕으로 삼았다. 하지만 시드기야는 바벨론에 반발하였고, 이에 느부갓네살은 주전 589년 1월에 예루살렘을 포위하기 시작했다. 주전 587년 시드기야 통치 제11년, 결국 느부갓네살은 예루살렘 성벽을 무너뜨리고 그 성읍을 점령하였다. 시드기야와 그 측근들은 도망가려 했지만 여리고 평지에서 사로잡혀 립나로 끌려갔다. 그곳에서 시드기야의 아들들은 죽임을 당하였고, 시드기야는 두 눈이 뽑힌 채, 결박되어 바벨론으로 끌려가 그곳에서 죽음을 맞았다. 예루살렘이 몰락한 이후에, 바벨론의 장군 느부사라단이 예루살렘을 완전히 불태우기 위해 파견되었다. 예루살렘은 완전히 쑥대밭이 되었고, 솔로몬의 성전은 파괴되었으며, 대부분의 상류층은 바벨론에 포로로 잡혀갔다. 예루살렘은 황폐화되었다. 몇몇 이스라엘 백성들만이 그 땅에 계속 남아있을 수 있었다.

백성들—특히 지도층—이 바벨론 포로로 끌려간 후, 한 세기도 채 지나기 전에 고국으로 돌아올 수 있긴 했지만, 그러나 그곳엔 더 이상 다윗 왕국도, 예루살렘을 다스리는 영광스러운 왕도 없었다. 백성들은 다시 한번 그들을 다스릴 왕이 나타나기를, 그리고 황폐해진 땅의 옛 영광이 회복되기를 기도하였다. 하지만 히브리성경을 통틀어, 백성들이 구했던 것은 여전히, 현세의 실제적인 왕이었다. 그들은 포로로 끌려가기 이전처럼, 다윗의 가문을 회복시켜줄 현세의 왕이 나타나기를 기도했다. 그럼에도 부재한 왕의 자리를 위한 기도, 다윗 가문에서 나타날 새로운 왕을 위한 기도에는, 하나님께서 종말에 보내실 새로운 다윗 왕, 약속된 구원자 개념이 심겨져 있다. 그리고 이 개념은 제2성전기에 성취되었다.

마가복음 1:1 곧 "하나님의 아들, 예수 그리스도의 복음의 시작이다"에서 하나님의 아들이란 다윗 가문의 왕을 가리키는 옛 칭호로서, 인간 메시아를 의미한다. 하지만 마가복음 2장에서 예수를 가리키는 "사람의 아들"은 그리스도의 신적 본성을 의미한다. 예수의 인성을 가리키는 데에 사용된 '하나님의'란 칭호와, 예수의 신성을 가리키는 데에 사용된 "사람의"란 칭호는 자칫 역설처럼 보이기도 한다. 이것이 어떻게 가능한가? 이 장에서 우리는 사람의 아들에 관한 이야기를 통해, 어떻게 유일신론자인 유대인들이 예수를 하나님으로 이해할 수 있었는지 살피고자 한다.

신적 구원자로서 사람의 아들

다윗 왕위의 회복에 대한 기대가 커져가면서 이스라엘 안에서도 구원에 대한 다른 개념들이 발전되고 있었다. 대략 주전 161년경에 기록된 다니엘서 7장에서 우리는 눈에 띄는 한 묵시적인 이야기를 발견하게 된다. **묵시**〔apocalypse〕는 그리스어에서 유래한 단어로 "계시"〔revelation〕를 의미한다(신약성경에서 우리가 요한계시록〔Revelation〕이라고 부르는 책은 요한묵시록〔Apocalypse〕으로 불리기도 한다). 일반적으로 묵시적으로 계시된 것들은 종말에 즉, 세상과 시간이 끝나는 날에 벌어질 일과 관련이 있다. 다니엘서는 가장 초기에 기록된 묵시록 중 하나이다. 다니엘서는 에스겔 선지자에게서 실마리를 얻어, 선지자 다니엘이 전하는 천상의 환상을 묘사하고 있다. 주전 2세기에 기록된 다니엘서는 유대인들의 마지막 날에 대한 가장 영향력 있는 책 중 하나이며, 이는 기독교인에게조차 마찬가지이다.

　이 범상치 않은 텍스트〔다니엘 7장〕에서, 우리는 두 신적 존재가 등장하는 다니엘의 환상을 보게 된다. 그 중에 백발의 노인으로 묘사되는 이는 '옛적부터 항상 계신 분'으로, 보좌에 앉아 계신다. 7장에서 우리는 또 다른 보좌를 보게 된다. "사람과 같은" 모습을 하고 있는 두 번째 신적 존재는 하늘의 구름을 타고 와서, '옛적부터 항상 계신 분'에 의해 권세를 부여받는다. 이 모습은 고대 근동의 왕위 등극식에서 늙은 왕이 젊은 왕에게 횃불을 건네주는 모습, 그리고 고대 근동 신화에서 늙은 신들이 젊은 신들에게 횃불을 건네주는 모습과 상당히 흡사하다. "내가 밤에 환상 중에 보니, 하늘의 구름을 타고 사람의 아들 같은 이가 와서, 옛적부터 항상 계신 분 앞에 인도되었다. 그에게 권세와 영광과 나라가 주어지고, 모든 백성들과 나라들과 다른 언어들을 말하는 자들이 그를 경배하니, 그의 권세는 사라지지 않는 영원한 권세이며, 그의 왕국은 결코 멸망치 않을 것이다"(단 7:13-14).

여기에서 우리는 예루살렘 다윗 왕좌의 회복에 대한 기대와는 전혀 다른 구원 개념을 보게 된다. 이 본문이 말하고 있는 것은 두 번째 신적 인물이 전 세계, 곧 회복된 전 세계를 영원히 통치할 권세를 얻는다는 것—이 영원한 왕의 지도와 통치는 종국적으로 옛적부터 항상 계신 분의 뜻에도 완전히 부합한다—이다. 여기서 이 구원자는 비록 메시아—이 칭호는 우리가 아래에서 살펴보겠지만, 이후에 나타나는 다니엘의 다른 환상에서 나타난다—로 불리고 있진 않지만, 적어도 이후에 메시아나 그리스도로 불리는 존재의 특징과 매우 흡사하다.

그 특징이란 무엇인가?

그는 신〔적 존재〕이다.

그는 사람의 형체를 가지고 있다.

그는 옛적부터 항상 계신 분보다 젊어 보이는 신으로 묘사된다.

그는 높은 왕위에 오른다.

그는 권능과 권세를 부여받으며,

심지어 땅에 대한 통치권도 받는다.

이러한 특징들은 모두 추후에 복음서에서 확인할 수 있는 예수 그리스도의 특징들인데, 예수가 태어나기 한 세기 반 이전에 이미 다니엘서에서 나타나고 있다. 더구나 이 특징들은 다니엘서와 복음서 사이에 있는 유대 전승들 안에서 더욱 발전되었다. 어떤 면에선 이 전승들이 유대인들의 사고 안에서 다시 올다윗 왕에 대한 기대와 통합되어, 신-인〔divine-human〕 메시아사상이 태동하게 되었다고 할 수도 있다. 이 때 이 존재는 "사람의 아들"로 불리게 되는데, 이는 곧 다니엘서에서 "인간 존재/사람의 아들 같은 이"로 칭함받는 신적 존재의 기원을 암시한다. 다시 말해, '인간 존재(문자적으로는 사람의 아들)처럼 보이는 하나님'이라는 직유법은 이제 "사람의 아들"이라고 불리는 하나님에 대한 명칭, 곧 인간처럼 보이는 신에 대한 언급이 되었다. "사람의 아들"에 관한 유일하게 설득력 있는 설명은 20세기의 위대한 유대 신학자인 레오 백〔Leo Baeck〕의 설명인데, 그는 다음과 같이 말한 바 있다. "후대의 작품 안에서 '그 사람의 아들'이나 '이 사람의 아들,' 혹은 '사람의 아들'이 언급되는

곳은 어디나 다니엘서가 인용되었다고 볼 수 있다."⁴

이 이중적인 배경은 예수에 관한 매우 복합적인 전승을 설
명한다. 어떤 인물이 이 특징들에 부합하는 다양한 측면을 주장
하거나 혹은 그러한 모습으로 나타날 때, 많은 유대인들이 그를
자신들이 기대했던 바로 그 사람이라고 생각했음은 그리 놀라
운 일이 아니다(또한 많은 사람들이 다소 회의적이었다는 것도
놀라운 일은 아니다).

복음서 자체와 다른 초기의 유대문헌에는 이 인물에 관한
다양한 전승들이 있다. 어떤 유대인들은 이 인물이 신적인 지위
에 오르게 된 인간이라고 추측한 반면, 또 어떤 유대인들은 신
이 인간의 모습으로 이 땅에 내려온 것이라고 생각하기도 했다.
이와 마찬가지로 어떤 기독교인들은 그리스도께서 평범한 인
간으로 태어나셨고 이후에 신적인 지위를 획득하게 된 것이라
추측하였고, 또 어떤 기독교인들은 신이 이 땅으로 내려온 것이
라고 생각했다. 어느 경우이든, 우리는 기대되었던 구원자가 이
중적인 신이자 신-인 연합체라고 결론지을 수 있다.* 따라서 예
수 이전의 메시아/그리스도에 대한 오래된 개념들과, 예수께서
자신에 대하여 주장하셨던 개념들 사이의 관계는 실제로 상당
히 유사하다고 할 수 있다.

---

4. Leo Baeck, *Judaism and Christianity: Essays* (Philadelphia: Jewish
    Publication Society of America, 1958), 28-29.

사람의 아들은 누구인가?

잘 알려져 있듯이 예수께서는 자신을 "사람의 아들"이란 신비한 용어로 부르셨다. 이 용어가 어디에서 왔는지, 어떤 의미인지에 관한 계속되는 논쟁으로 인하여 막대한 양의 잉크와 종이가 소비되어 왔다.[5] 어떤 이들은 "사람의 아들"이 예수의 인성을 가리키는 용어라고 말하는 반면, 또 어떤 이들은 그것이 신성을 가리키는 용어라고 말한다. 중세시대에는 이 용어가 예수의 비하를 가리키는 표현으로 받아들여졌으나 이후에는 잠재적으로 신성 모독적인 오만함을 드러내는 표시로 이해되어서, 많은 학자들은 "사람의 아들"이란 표현이 모두 예수의 죽음 이후에야 예수께서 말씀하신 것처럼 된 것이라 주장했다. 어떤 이들은 이 용어가 원초적인 천상의 인물을 가리키며, 페르시아 종교와 관련이 있다고 주장했으나, 또 어떤 이들은 그러한 인물이 이전에는 결코 없었다며 그러한 주장을 전적으로 거부하기

---

* 이러한 개념들은 씨와 같아서 이후 다양하게 변형되며, 그 중에는 언젠가 삼위일체와 성육신의 교리로 자라나게 되는 씨도 있다. 이 변형은 그리스 철학의 사고로부터 영향을 받기도 하지만, 씨 자체는 유대 묵시론적 문헌들에 의해 뿌려진다고 할 수 있다.

5. 이에 대한 더 자세한 연구는 다음을 보라. Delbert Royce Burkett, *The Son of Man Debate: A History and Evaluation* (Cambridge: Cambridge University Press, 1999).

도 했다. 여러 세대를 거치면서 이 모든 주장들은 오늘날 "사람의 아들 문제"라고 불리는 사안에 더해졌다.

예수께서 갈릴리에 오셔서 자신을 사람의 아들로 선포하셨을 때에, 어느 누구도 "그런데 사람의 아들이란 게 무엇인가요?"라고 되묻지 않았다. 이는 갈릴리 사람들이, 예수의 선포를 믿든지 안 믿든지 간에, 사람의 아들이 무엇인지 이미 알고 있었음을 뜻한다. 이는 마치 전 세계 곳곳에 사는 많은 현대인들이, "나는 메시아다"란 말을 들었을 때, 그것이 무슨 의미인지 곧장 이해하는 것과 같다. 그러나 사실 이 용어는 우리가 관심을 가지고 있는 그 어떤 고대의 언어—히브리어, 아람어, 그리스어—에서도 상당히 어색하게 느껴지는 표현인데, 문제가 바로 여기에 있다.

"사람의 아들"이라는 용어를 기독론적으로 특정한 인물을 가리키는 데에 사용하는 것은 히브리어나 아람어의 일반적인 용례로는 이해하기 힘들다. 이러한 셈어들에서 사람의 아들이란 표현은 '인간 존재'를 가리키는 평범한 단어일 뿐이며, 그리스어에서도 기껏해야 누군가의 자녀를 가리킬 뿐이다. 그래서 혹자는 아람어를 사용하는 사람들의 경우 예수께서 스스로를 "사람의 아들"로 칭하셨을 때에, 그분이 그저 자신을 사람으로 부르는 것으로 이해했을 것이라 생각하기도 한다. 하지만 마가복음의 문맥은 예수께서 말씀하시는 "사람의 아들"이 단지 인간 존재를 칭하고 있다는 해석을 지지하지 않는다. 따라서 (추후에 다룰) 마가복음 2장의 구절들을, '어떤 나이든 사람이 하나님께 지은 죄를 사하는 권세를 가지고 있다든지, 혹은 어떤 사람이 안식일의 주인이라든지'라는 의미로 해석하는 것은 매우 가능성이 희박해 보인다.

그러므로 "사람의 아들"이 한 개인을 지칭하는 데에 사용되었을 때에는 역사적이고 문학적인 측면에서 설명되어야 한다. "사람의 아들"이 마가복음의 저자와 등장인물들의 세계 안에서 알려지고 받아들여지는 칭호일 때에만, 비로소 올바로 이해될 수 있는 것이다. 이 칭호는 과연 어디에서 왔는가? "사람의 아들"에 대한 모든 용례는 다니엘서 안에서 중추적인 역할을 하는 7장을 암시하고 있음에 틀림이 없다.

많은 신약학자들은 "사람의 아들"이란 용어가, 예수께서 이 땅에 다시 오시리라 기대되는 **재림**(parousia)의 때에, 구름 타고 오시는 예수만을 가리킨다고 추측하면서 길을 잃게 되었다. 아직 하늘로 승귀되지도 않았고, 이 땅에 다시 돌아오지도 않은 그리스도께서, 다시 말해 지금 살아서 숨쉬고 계신 예수께서, 어떻게 마가복음과 다른 복음서들 안에서, 〔시간을 거슬러〕 **자신**을 사람의 아들이라 칭할 수 있었는지 상상하긴 어려웠기 때문에 이러한 견해는 더욱더 혼란만을 가중시켰다. 하지만 "사람의 아들"이, 그리스도 내러티브의 특정한 단계만을 가리키는 것이 아니라, 이야기 전체의 주인공으로서의 예수 그리스도, 메시아, 사람의 아들을 가리키는 것이라 생각한다면, 이러한 문제는 해결될 수 있다.

사람의 아들이란 칭호는 흔히 승귀와 그 이후의 메시아(그리스도)만을 가리키는 용어로 생각되어 왔다. 마가복음 14:61-62에서 대제사장은 예수께 물었다. "네가 찬송 받을 이의 아들, 메시아[그리스도]냐?" 그리고 예수께서 말씀하셨다. "나다. 너희는 사람의 아들이 권능자의 우편에 앉은 것과 하늘의 구름을 타고 오는 것을 보게 될 것이다." 이 구절에서 사람들은 예수께서 하늘의 구름을 타고 오실 순간만을 가리키기 위하여, 사람의 아들이란 칭호를 사용하신다고 쉽게 판단하곤 한다. 만약 그러한 논리대로 사람의 아들이 하늘의 구름을 타고 오시고 권능자의 우편에 앉게 되는 메시아(그리스도)만을 가리킨다고 한다면, 어떻게 예수께서 이 땅의 삶을 지칭하는 데에 "사람의 아들"이란 칭호를 사용하실 수 있는가? 학자들은 예수께서 어떤 의미의 사람의 아들을 말씀하실 수 있었는지, 말씀하셨을지, 말씀했는지, 그리고 어떤 것이 초대교회—제자들과 복음서 기자들—가 예수의 발언으로 추가해 넣은 것인지를 결정하는 데에 심혈을 기울여야 했다. 하지만 만약 우리가 사람의 아들이란 칭호가 예수 내러티브의 한 단계—탄생이나 성육신, 이 땅에서의 통치, 죽음, 부활, 승귀—를 지칭하는 것이 아니라 이 모든 단계

들을 지칭하는 것으로 본다면, 이러한 문제는 완전히 사라지게
된다. 만일 예수께서("역사적" 예수이든 복음서에 묘사된 예수
이든) 자신을 사람의 아들로 생각하셨다면, 그분은 처음부터
끝까지 사람의 아들이시지, 어느 한 순간에만 사람의 아들이실
수는 없다. 곧 사람의 아들이란 내러티브 전체를 가리키고 또
그 속의 주인공을 가리키는 용어라 할 수 있다.

　예수께서 스스로를 드러내신 것으로 여겨지는 이러한 내러
티브는, 다니엘서에 기록된 "사람의 아들 같은 이"에 대한 이야
기를 읽는 것으로부터 발전한 것이다. 다니엘서 7장에서 우리
는 다음과 같이 선지자가 밤에 본 환상을 보게 된다.

[9] 내가 보니, 보좌들이 놓이고 옛적부터 항상 계신 분께서 좌정
하셨는데, 그 옷은 눈같이 희고, 머리털은 깨끗한 양털 같았으며
그의 보좌는 타는 불꽃이고 그 바퀴는 타오르는 불이었다. [10] 불
의 강이 그에게서 흘러 나왔다, 그를 섬기는 자가 천천이고, 그 앞
에 모시고 선 자가 만만이었다. 재판(심판)이 열리고 책들이 펼쳐
졌다 … [13] 내가 밤에 환상 중에 보니, 하늘의 구름을 타고 사람
의 아들[인간 존재] 같은 이가 와서, 옛적부터 항상 계신 분 앞에
인도되었다. [14] 그에게 권세와 영광과 왕위가 주어지고, 모든 백
성들과 나라들과 다른 언어들을 말하는 자들이 그를 경배하니, 그
의 권세는 사라지지 않는 영원한 권세이며, 그의 왕위는 결코 멸

망치 않을 것이다. (단 7:9-14).

이 예언적 내러티브에서 우리는 두 신적 존재를 발견하게 되는데, 하나는 옛적부터 항상 계신 분으로 묘사되고, 또 다른 하나는 젊은 인간 존재의 모습을 하고 있다. 더 젊은 자도 보좌를 가지고 있어서(그래서 이 단락 시작부에 보좌들이 있다고 묘사하는 것이다), 더 옛적부터 계시던 분에게 세상 모든 백성들을 다스리는 영광과 권세와 왕위를 부여받는다. 그뿐 아니라 그것은 영원무궁한 왕위가 될 것이다. 바로 이것이 때가 차면 아버지와 아들에 관한 이야기가 될 환상이다.

가장 초기 해석으로부터 현대의 해석에 이르기까지, 일부 해석가들은 "사람의 아들 같은 이"를 마카비 항쟁 때에—아마도 다니엘서가 기록되었던 시기—신실했던 이스라엘 백성들을 총칭하는 하나의 상징으로 간주하였다.[6] 또 어떤 학자들은 "사

---

6. 이 견해를 지지하는 문헌으로는 다음을 보라. John J. Collins, "The Son of Man and the Saints of the Most High in the Book of Daniel," *Journal of Biblical Literature* 93, no.1 (March 1974): 50n2. Collins의 견해에 따르면 사람의 아들 같은 이는 미카엘이다. 그 존재는 10-12장에서 분명 이스라엘에 대한 천상의 "지도자"로서 곧 이스라엘을 상징한다. Collins는 다니엘 7장 해석이 그의 지위를 낮추지 않는다고 생각하며 나와는 의견을 달리한다. Collins에 따르면 7장 그리고 10-12장 모두는 현실을 두 단계로 묘사하고 있다. 여기서 나는 단지 Collins의 해석이 완전히 불가능한 것은 아니란 점만 언급하려 한다.

람의 아들[같은 이]"이 이스라엘 백성에 대한 상징이 아니라 옛 적부터 항상 계신 분 곁에 있는 신적 존재라고 주장해왔다. 우리는 4세기 페르시아의 교부인 아프라하트[Aphrahat]에게서, "사람의 아들 같은 이"가 이스라엘의 백성이라는 (아마 유대인들에 의한) 해석에 대한 반박을 확인할 수 있다. "이스라엘의 자녀들이 지극히 높으신 분의 왕국을 받는다는 것인가? 하나님이 막으실 것이다! 혹 그 백성들이 하늘의 구름을 타고 왔다는 것인가?"(Demonstration 5:21). 아프라하트의 주장은 주석적인 논점을 가지고 있다. 구름은—구름을 타고 오든지 구름과 함께 오든지 간에—성경에서 신적 임재, 곧 학자들이 신현이라 부르는 것에 대한 일반적인 특징이기 때문이다.[7] 이에 J. A. 에머턴 [Emerton]이 결정적으로 지적한 것이 있다. "구름과 함께 나타나는 것은 여호와[Yahwe] 자신의 신현을 의미한다. 다니엘 7:13이 신적 존재에 대하여 언급하는 것이 아니라면, 그것은 구약성경

하지만 그럼에도 불구하고 개인적으론 상대적인 단순성이라는 근거뿐 아니라 *Harvard Theological Review*에 기고한 글에서도 분명하게 밝혔듯이, 이 텍스트에 대한 내 해석을 더 선호하는 바이다.

7. Louis Francis Hartman and Alexander A. Di Leila, *The Book of Daniel, trans. Louis Francis Hartman, The Anchor Bible* (Garden City, NY: Doubleday, 1978), 101. 그들이 제시한 목록은 다음과 같다. 출 13:21; 19:16; 20:21; 신 5:22; 왕상 8:10; 시락서 45:4.

에 나타난 약 70여 개의 본문 중 유일한 예외가 돼버린다."[8] 여

---

8.   J. A. Emerton, "The Origin of the Son of Man Imagery," *Journal of Theological Studies* 9 (1958): 231-32.

*   적어도 이후 랍비들 중 일부 역시 이 본문을 신현(하나님의 자기계시)으로 읽었다는 것에 주목하라. 다음의 바빌론 탈무드(5세기 혹은 6세기) 본문은 이것을 명백히 보여준다. 이 본문은 또한 '하나님께서 여기 계시다'는 교리의 중요한 순간을 바라보며, 이전 랍비들을 인용하고 있다.

> 한 절은 이렇게 쓰여 있다. "그의 보좌는 타는 불꽃이다"(단 7:9). 그리고 또 절[의 다른 일부]은 이렇게 쓰여 있다. "보좌들이 놓이고 옛적부터 항상 계신 분께서 좌정하셨는데"(7:9). 문제될 것은 없다. 하나는 그분을 향한 것이고 또 하나는 다윗을 향한 것이다.
>
> 우리가 고대전승을 통해 알게 되었듯이, '하나는 그분을 향한 것이고 또 하나는 다윗을 향한 것이다'는 랍비 아키바[Aqiva]가 한 말이다. 랍비 갈릴리 요세[Yose the Galilean]가 아키바에게 말했다. "아키바! 당신은 언제까지 쉐키나[Shekhina]를 [신성]모독할 것이요? 오히려 하나는 심판을 말하는 것이고 또 하나는 자비를 말하는 것이요."
>
> 아키바는 갈릴리 요세의 말을 받아들였을까? 받아들이지 않았을까?
>
> 와서 들으라! 하나는 심판을 말하는 것이고 또 하나는 자비를 말하는 것이다. 이것이 랍비 아키바가 한 말이다. [BT Hagiga 14a].

이 탈무드 본문(나는 다른 곳에서 이 내용을 길게 다루었다)에 대한 정확한 해석이 무엇이든지 간에, 랍비들이 다니엘 본문을 신현으로 이해한 것으로 묘사되고 있다는 점은 거의 의심의 여지가 없

기에 나오는 이야기 곧 보좌들이 놓이고 그 보좌들 중 하나에
옛적부터 항상 계신 분이 좌정하시고 또 그분 앞에 사람의 아
들 같은 이가 나오는 것과 같은 이야기를, 초월적인 신들 곧 근
방의 늙은 신들이 젊은 신들을 임명하는 이야기와 떼어 읽는
것은 불가능하다.* 일부 현대 학자들은 아프라하트를 확실하게
지지한다. 신약학자 매튜 블랙(Matthew Black)은 이에 대해 솔직
하게 표현한 바 있다. "이것은 결국 다니엘서 7장이 두 신적 존
재, 곧 옛적부터 항상 계신 분과 사람의 아들을 알고 있었다는
것을 의미한다."⁹ 이 두 신적 존재는 시간이 지남에 따라 결국
삼위일체의 처음 두 위격이 되었다.

　다니엘서 7장 안에서 이어지는 본문을 보면, 분명하고 확실
하게 교정된 이러한 해석이 잘못된 것처럼 보이기도 한다.

다. "랍비 아키바"는 천상의 두 신적 존재 중 하나는 (성부) 하나님
으로, 또 하나는 신성시된 다윗 왕으로 인식하고 있다. "랍비 갈
릴리 요세"가 놀란 것은 당연하다. *Harvard Theological Review*에
서 나는 그것 역시 본문의 본래 의미라는 내 결론을 지지하는 근
거를 제시했다. *Daniel Boyarin, "Daniel 7, Intertextuality, and the
History of Israel's Cult"*을 보라.

9.　Matthew Black, "The Throne-Theophany, Prophetic Commission, and
the 'Son of Man,'" in *Jews, Greeks, and Christians: Religious Cultures
in Late Antiquity: Essays in Honor of William David Davies,* ed. Robert G.
Hamerton-Kelley and Robin Scroggs (Leiden: E.J. Brill, 1976), 61.

[15] 나 다니엘에 대해 말하자면, 내 영이 내 안에서 근심하며, 내 머리의 환상들이 나를 번민하게 만들었다. [16] 내가 그 곁에 모셔 선 자들 중 하나에게 나아가 이 모든 일의 진실을 물으니, 그가 내게 그 일들에 대한 해석[페쉐르]을 밝혀주었다. [17] "이 네 큰 짐승들은 땅에서 일어날 네 왕이다. [18] 그러나 지극히 높으신 분의 성도들이 나라를 얻을 것이고 그 나라를 영원토록, 영원 영원히 차지할 것이다." [19] 그 때에 나는 넷째 짐승에 관한 진실을 알고 싶었다. 그 짐승은 다른 모든 짐승과 달라서 아주 무섭고, 쇠이빨과 놋쇠 발톱으로 먹고 부서뜨려 산산조각 내며, 그 나머지를 발로 짓밟아 버렸다. [20] 또한 그 머리에 있는 열 뿔과 새로 나온 다른 뿔 하나도 알고 싶었다. 세 뿔들이 그 앞에서 빠져나갔다. 그 뿔에는 눈들과 거만하게 말하는 입이 있었으며, 그 모습이 다른 뿔들보다 커보였다. [21] 내가 보니, 이 뿔이 성도들에 맞서 전쟁을 일으키고 그들을 이겼는데, [22] 옛적부터 항상 계신 분이 오셔서 지극히 높으신 이의 성도들을 위해 판결하셨고, 때가 이르자 그 성도들이 나라를 받게 되었다. [23] 그가 말하기를, "넷째 짐승에 관해 말하자면, 땅에 넷째 나라가 있을 것인데 그것은 다른 모든 나라들과 달라서 온 땅을 집어삼키고 짓밟고 부서뜨릴 것이다. [24] 그 열 뿔들은 이 나라에서 일어난 열 왕들이다. 그 후에 또 다른 한 왕이 일어날 것인데 이는 먼저 있던 왕들과 다르며, 세 왕을 굴복시킬 것이다. [25] 그가 지극히 높으신 이를 대적하여 말하며

또 지극히 높으신 이의 성도들을 괴롭게 할 것이며, 그가 또 때와 법을 바꾸려고 할 것이다. 성도들은 한 때와 두 때와 반 때까지 그의 손에 붙인 바 될 것이다. [26] 그러나 심판이 내려서, 그는 권세를 빼앗기고 끝내 파괴되고 멸망할 것이다. [27] 왕위와 권세와 온 천하 나라들의 위세가 지극히 높으신 이의 성도들에게 돌아갈 것이다. 그의 나라는 영원한 나라요, 모든 권세들이 그를 섬기며 복종할 것이다." [28] 이것이 환상의 끝이다. 나 다니엘은 이 생각들로 인하여 크게 번민했으며, 내 얼굴빛이 창백해졌으나, 나는 그 일을 내 마음에 간직했다. (단 7:15-28).

하지만 아파라하트가 반대했던 유대인들은 분명 다음과 같이 반박했을 수도 있다. '하늘의 존재 혹은 어린 신이 셀류키드〔Seleucid〕왕에게 굴복하여 거룩한 날과 율법을 3년 반 동안이나 내버려두었는가? 터무니없는 소리! 사람의 아들은 이스라엘 자녀들의 상징이어야만 한다!'

두 입장 모두 옳다. 우리가 방금 살펴보았듯이, 다니엘의 환상 자체는 우리가 "사람의 아들 같은 이"를 제2위의 신적 존재로 이해하도록 요구하는 것처럼 보인다. 또 동일하게 다니엘 7장 후반부에 나타난 천사의 환상 해석은 분명, "사람의 아들 같은 이"를 집단적인 땅의 존재, 곧 이스라엘이나 이스라엘의 의인들로 해석하고 있는 것처럼 보이기도 한다. 주석가들이 논쟁하는 것을 두고 놀랄 것은 없다. 본문 자체가 따로 놀고 있는 것처럼 보이기 때문이다. 이 난제에 대한 대답은 다음과 같다. 곧 다니엘서 저자가 다니엘의 환상을 가지고 알레고리를 사용하여, 오랫동안 전해 내려오던 한 분 그 이상의 하나님에 대한 고대의 증거들을 감추기 원했다는 것이다. 이러한 의미에서, 우리가 유대교인과 기독교인 사이에 존재한다고 생각했던 신학적인 논쟁은, 사실상 이미 예수께서 오시기 훨씬 이전부터 있었던 유대교 내의 논쟁이라고 할 수 있다.

구름을 타는 모티프가 타나크〔Tanakh〕(히브리성경을 가리키는 유대적 명칭)안의 모든 사례에 있어서 신적 존재를 가리키기 때문에, 교부 아파라하트와 마찬가지로 고대의 유대인 독자들도, 이것을 하나님의 계시 곧 제2위이신 하나님으로 읽어야 한다고 자연스레 생각했을 수 있다. 물론 그 함의는 하늘에 그러한 두 신적 존재, 곧 〔늙은〕 옛적부터 항상 계신 분과 〔젊은〕 사람의 아들 같은 이가 있다는 것이다.[10] 그렇다면 이러한 입장에 있는 유대인들은 "한 때, 두 때, 반 때" 동안, 권세가 이 신적 존재로부터 넷째 짐승에게로 옮겨진다는 말이 무슨 의미인지 설명해야 했을 것이다. 삼 일 동안의 지옥 강하―어쨌든 죽음의

---

10. 이 패턴의 편재성에 대한 연구를 보려면 다음을 보라. Moshe Idel, *Ben: Sonship and Jewish Mysticism, Kogod Library of Judaic Studies* (London: Continuum, 2007).

영역 아래에 놓이는 것—가 그 의문에 대한 하나의 좋은 답변이
될 수 있을 것이다.

메시아-그리스도는 아기 예수가 나사렛에서 나기 오래 전
부터 유대인들의 사상 안에 이미 존재하고 있었다. 다시 말해,
성부 하나님을 대리하는 제2위 하나님에 대한 개념은 이스라엘
안에 가장 오래된 신학 개념들 중 하나이다. 다니엘서 7장은 우
리가 발견할 수 있는 이스라엘의 가장 오래된 종교적 환상들의
파편을 현재로 불러온다. 현대 로마 건물에 세워진 고대 로마의
성벽을 보는 것만으로도, 우리가 현재 살아서 기능하고 있는 고
대 로마를 경험할 수 있는 것처럼, 이 고대 지식의 파편은 유대
인들로 하여금 예수 이전 시기부터 자신들의 삶 속에서 고대
신화의 일부를 생생히 경험하게 만들었다.

복음서에는 그러한 개념들이 남아있다. 요점은 이 개념들
이 예수께서 등장하실 때까지 전혀 새로운 것이 아니었다는 점
이다. 이 개념들은 이스라엘의 종교 안에서 하나님에 관한 가장
초기의 사상들 중 하나였으며, 이는 고대의 신들인 엘과 바알의
관계와 비교할 만하다. "바알은 빛나는 폭풍 구름으로 다가오
는 존재였고, 엘은 초월적인 존재였다."[11] 모든 가나안인들의 고
대 하늘 신인 엘(성경 히브리어에서 그의 이름은 단지 "하나님"

---

11. Frank Moore Cross, *Canaanite Myth and Hebrew Epic* (Cambridge, MA: Harvard University Press, 1973), 43.

을 의미하게 된다)은 정의의 신이었으며, 대다수 가나안인들에 의해 바알—하지만 이스라엘 사람들은 그를 여호와라고 부른다—이라고 불렸던 젊은 신(associate)은 전쟁의 신이었다. 성경의 종교에 있어서, 더 완벽한 유일신론을 형성하기 위해 이 두 신적 존재는 하나로 통합되었지만, 아주 매끄럽게 일치된 것은 또 아니다. 가나안 공동체의 일부였긴 했지만 이스라엘인들은 자신들의 역사적인 실존을 통해 발전시킨 하나님에 대한 [가나안 공동체와] 상이한 개념들로 인해 어느 정도 차별화가 되었다. 하지만 하나님 안에 있는 이중성에 대한 개념에선 쉽게 벗어나진 못했고, 많은 지도자들은 그것을 강화하려 하기도 했다. 아주 멀리 떨어져 있는 하나님은—불가피하게—가까이 있는 하나님에 대한 필요를 만들어 낸다. 우리를 심판하는 하나님은 불가피하게 우리를 위해 싸우시고 지키시는 하나님을 필요로 하게 만든다(제2위의 하나님이 제1위의 하나님에게 완전히 종속되어 있는 한, 유일신의 원칙은 침해되지 않는다).

우리가 다니엘 7장의 두 보좌 신현에서 발견한 유물, 곧 이스라엘 종교의 과거(현재까지는 아니라 하더라도)가 남긴 잔재는, 적어도 주전 2세기 다니엘서 저자와 같은 일부 고대 유대인들에게는 별 문제가 되지 않았다. 우리는 일부 유대인들이 이스라엘 하나님의 이중성, 곧 [늙은] 옛적부터 항상 계신 분과, 구름을 타고 오시는 [젊은] 사람의 아들 같은 이를 온전히 수용하거

나 혹은 그저 이어받았다는 것을 알 수 있다. 이는 예수와 그 제
자들이 갖고 있었던 유대신앙〔Judaism〕의 원류가 되었다.

다니엘서에 나타난 두 보좌 묵시는 이스라엘의 종교 안에
있는 매우 오래된 한 갈래를 떠오르게 하는데, 〔이 갈래에서〕 엘과
같은 정의의 하늘 신과, 〔그보다 젊으며〕 구름을 타는 전쟁과 폭풍
의 신은, 성경(대부분)에서와 마찬가지로 하나로 통합되지 못
했다.[12] 나는 매우 중요한 이 본문이 우리가 복음서에서 발견하
는 아버지의 신성과 아들의 신성 개념을 낳은 종교 전통의 표
지일 수 있다고 생각한다.

다니엘 7장 전체의 맥락으로부터 두 보좌가 나타나는 환상
을 살펴보면, 다음과 같은 몇 가지 중요한 점을 발견할 수 있다.
(1) 두 보좌가 있다. (2) 두 신적 존재, 곧 늙어 보이는 존재와 젊
어 보이는 존재가 있다. (3) 젊은 존재는 세상의 구원자이자 영
원한 통치자가 될 것이다.[13] 여기에서 아직 메시아/그리스도의

---

12. 현대 히브리어를 구사하는 독자들은 이러한 내용을 다음과 같은 자
료에서 찾아볼 수 있다. Yisra'el Knohl, *Me Ayin Banu: Ha-Tsofen Ha-Geneti Shel Ha-Tanakh* [The Genetic Code of the Bible] (Or Yehudah: Devir, 2008), 102-13, 특히 여호와가 소〔bull〕였던 엘의 아들로 인식된
다면, 그는 곧 황금 송아지를 상징한다는 흥미로운 개념을 보라.

13. 내가 찾은 이 점을 충분히 강조하는 자료는 랍비들 이후 오직 다음과
같은 책밖에 없었다. Sigmund Olaf Plytt Mowinckel, *He That Cometh: The Messiah Concept in the Old Testament and Later Judaism,* trans. G. W. Anderson (Oxford: B. Blackwell, 1956), 352. 물론 문헌이 워낙 방

실제 개념은 나타나지 않는다 하더라도, 땅을 다스리는 신적인
왕이 신에 의해 임명된다는 개념이, (물론 기독교도 포함하여)
이후 유대교에서 메시아/그리스도 개념의 발전을 이해함에 있
어서 중요한 의미를 지닌다고 보는 것은 분명 틀린 이야기가
아닐 것이라 생각한다. 내 견해로는 제2위의 구원자 하나님 개
념은 이스라엘 종교의 초기 역사에서 나온 것이다. 메시아 개념
이 우리가 다니엘 7장에서 발견한 더 젊은 신적 존재와 결합되
었다면, "하나님의 아들"이라는 용어 또한 그에게 붙여지는 것
이 자연스러웠을 것이다. 한 보좌는 옛적부터 항상 계신 분이
차지하고 있고, 또 다른 보좌는 인간의 모습을 한 젊은 존재가
차지하고 있다. 더 늙은 존재는 영원무궁히 땅을 다스리는 자신
의 권세를 더 젊은 자에게 주며 홀을 건넨다. 이때 다윗 계열 이
스라엘의 왕 역할을 하는 메시아를 가리키는 데에 이미 사용되
고 있었던 "하나님의 아들"이라는 더 오래된 용례를 차용하고,
그것을 더 문자적으로 이해해서, 옛적부터 항상 계신 분과 사람
의 아들과의 동등한 신성 표지로 받아들이는 일보다 더 자연스
러운 일이 무엇이 있겠는가? 이렇게 사람의 아들은 하나님의
아들이 되었고, "하나님의 아들"은 예수의 신적 본성을 가리키
는 칭호가 되었다. 이는 모두 고대 유대 전통과의 어떠한 단절

대하기 때문에 내가 놓친 부분이 있을 수 있다.

도 없이 이뤄진 일이다.

복음서의 신학은 이스라엘 종교 전통 내에서 이뤄진 급진적인 혁신이 아니라, 그러한 전통 내 가장 오래된 고대 시기—완전히 그랬던 것은 아니지만 한동안 대체로 감춰졌었던 시기—로의 회귀, 그것도 아주 보수적인 회귀라 할 수 있다. 다니엘서에서 나타난 사람의 아들 같은 이와, 구름을 타고 오는 이의 동일화는 복음서들 안에, 사람의 아들이란 이름과 이미지를 제공한다. 결과적으로 기독교인으로서 우리가 알고 있는 하나님에 대한 개념들은 혁신적인 것이 아니라, 오히려 하나님에 대한 이스라엘의 가장 오래된 개념들 일부와 깊이 연관되어 있다고 말할 수 있다. 이 개념들은 적어도 다니엘 7장에 대한 완전히 설득력 있는 (그리고 입증된) 독법으로, 다시 말해 늦어도 주전 2세기경으로 거슬러간다. 심지어는 그보다 훨씬 더 오래되었을 수도 있다.

이스라엘의 종교의 가장 오래된 단계와 관련하여 우리가 가지고 있는 가장 중요한 자료들 중 하나는, 20세기 초에 라스 샴라(Ras Shamra, 고대 우가릿)라고 불린 장소에서 고고학적으로 발견된 가나안 신들에 관한 서사시들이다. 이 서사시들은 고대 가나안의 매우 풍부한 신화들을 드러내는데, 특히 엘과 바알 신 그리고 그들의 경쟁자와 배우자에 관하여 정교하게 짜인 이야기들을 들려준다. 물론 가나안 그룹의 일부인 이스라엘인들은 이 신화를 거부함으로써 일부 자신들을 정의 내리긴 했다. 하지만 우리가 이스라엘의 문헌들 곧 선지서와 시편, 성경의 다른 운문들 가운데서 발견하게 되는 대다수 이미지와 서사적 암시들은, 이 고대 문헌들과의 비교를 통해서 가장 잘 이해될 수 있다. 성경 안에서 재사용되고 있는 고대 서사시의 파편들은, 이 서사시들과 서사시들이 재연한 신화에 대한 고대 이스라엘 버전의 존재를 드러낸다. 예일신학대학교(Yale Divinity School)의 J. J. 콜린스(Collins)는 다니엘 7장과 가나안(우가릿)의 표현을 비교하는 작업에 있어서 중요한 점들을 잘 요약한 바 있다.[14] 그가 주장하듯이, "중요한 것은 관계의 패턴이다."[15] 다시 말해 다니엘서에는 신과 같은 존재가 둘 있는데, 하나는 늙고 하나는 젊다. 더 젊은 존재는 구름을 타고 와서 영원한 권세를 부여받는다는 사실이 중요하다.[16] 콜페(Colpe)는 "옛적부터 항상 계신 분과 사람의 아들 사이의 관계가, 엘과 바알 사이의 관계와 신화

14. 이후 논의는 본래 Emerton에 의해 이뤄진 것이다. "Orgin."

15. John J. Collins, *Daniel: A Commentary on the Book of Daniel, Hermeneia* (Minneapolis: Fortress Press, 1993), 291.

16. 나는 두 가지 방식으로 이 패턴에 대한 Collins의 본래 목록을 수정했다. 먼저 바다에 대한 비교를 생략했다. 내 생각엔 바다 환상과 그 사람의 아들 환상은 이전엔 서로 분리되어 있었던 두 요소이기 때문이다. 또한 나는 두 신적 존재의 차별화된 나이를 강조했다. 그것이 여기서 나타나는 관계의 패턴을 이해함에 있어서 중요해 보였기 때문이다.

적인 그림상 유사한데, 이는 더 오래된 자료가 이스라엘과 유다
의 전통 위에 존재한다는 더 방대한 결론에도 들어맞는다"는
점에 주목했다.[17]

우리는 가진 증거들로 이를 가장 설득력 있게 재구성해보
면, 고대 이스라엘 종교에서 엘은 통상적으로 가나안의 높은 신
이었던 반면, 여호와는 바알과 같은 신 곧 가나안 남부의 작은
그룹, 히브리인들의 신이었고, 그러한 히브리인들에게 엘은 매
우 먼 부재의 존재였다는 것을 알 수 있다. 작은 그룹들이 합쳐
져 이스라엘로서 그 모습을 드러내자[18] 바알의 이스라엘 버전
인 여호와는 가장 높은 신인 엘로 동화가 되었고, 그 신들의 속
성은 대체로 이중성을 지닌 한 하나님으로 통합되어, 엘은 전쟁
을 좋아하는 폭풍 신의 특성을 여호와로부터 받게 된다.[19] 요점

---

17. Carsten Colpe, "Ho Huios Tou Anthrōpou," in *Theological Dictionary of the New Testament, vol. 8* (Grand Rapids, MI: Eerdmans, 1972), 8:400-477.

18. Ronald Hendel, "The Exodus in Biblical Memory," in *Remembering Abraham* (Oxford: Oxford University Press, 2005), 57-75.

19. Cross, *Canaanite*, 58. 또한 다음을 보라. David Biale, "The God with Breasts: El Shaddai in the Bible," *History of Religions* 21, no. 3 (February 1982): 240-56, Mark S. Smith, *The Early History of God: Yahweh and the Other Deities in Ancient Israel*, 2nd ed. with a foreword by Patrick D. Miller, Biblical Resources Series (Grand Rapids, MI: William B. Eerdmans, 2002), 184.

을 다시 설명하자면, 고대의 엘과 여호와—(북부 바알과 같은
젊은 전쟁의 신과, 엘 사이의 관계 패러다임 안에서) 여호와는
그 역할이 남부 히브리인들에겐 엘이나 마찬가지였다[20]—는 분
명 이스라엘-가나안 역사 속 어느 초기 시점에서 통합되었고
더 긴장감 있고 불안정한 유일신론을 만들어 냈다는 것이다.[21]

---

20. 젊은 신의 자리를 놓고 벌인 바알과 여호와의 경쟁에 대한 이런 식의
    설명은 성경에 제시된 그들 사이의 극적인 경쟁 관계를 더 원활하게
    설명하는 데 도움이 될 수 있다.

21. Smith, *Early History of God*, 32-33. 반대로 Cross는 여호와가 본래 남
    부에서 엘을 숭배하는 이름이었는데, 결국 여호와가 떨어져 나와서
    이후 엘을 몰아낸 것이라 주장했다(Cross, *Canaanite*, 71). 본문의 내
    용이 Cross에게서 직접 인용한 것임을 감안하면, 이는 여호와가 가
    진 바알과 같은 특징과 관련해서 다소 의문을 남긴다. "이스라엘 원
    시 종교" 안에 두 갈래에 대한 Cross의 해설(Cross, *Canaanite*, 71)은,
    이러한 의문에 충분히 답을 주지 못한다. Cross는 그의 책 후반부에
    서, 바알과 여호와가 가진 밀접한 관계를 다룬다. 나의 선생님이신
    H. L. Ginsberg는 1930년대에 이미 바알 찬양 전체가 온전히 전해졌
    고 시편 29편에서 여호와에게 적용되었음을 아셨다. Cross가 강조
    하듯이, 이는 그 이미지가 여호와에 어울리지 않았다면 가능하지 않
    았을 것이다(Cross, *Canaanite*, 156). 따라서 Cross는 다음과 같이 말
    한다. "초기 이스라엘에서 신현의 표현은 주로 바알의 신현으로부터
    끌어온 표현이었다(Cross, *Canaanite*, 157). 내가 약간 수정한 공식은
    다음과 같다. 고대 이스라엘에서 여호와의 신현에 대한 용어는, 북
    부 가나안에서 바알 신현을 나타냈던 용어와 평행하거나 거의 동일
    하다. 물론 Cross는 여기서 통합을 인식한다. 하지만 그에 따르면 이
    스라엘 종교 안에서 이전에 존재하지 않았던 것 같은 바알의 특성들
    을, 엘/여호와가 어떤 이유로 흡수해야 했는지는 불분명하다. Cross

이러한 통합은 결코 완벽한 결합이 아니었다. 엘과 여호와는 큰 차이가 있었고 어떤 면에서는 정반대의 역할을 하기도 했다. 내 생각에 이것은 일종의 유산을 남겼는데, 곧 젊은 신의 일부 특성들은 언제나 다시 위격으로 (심지어 다른 신으로) 분열될 가능성이 있다는 것이다.[22] 이러한 긴장과 그 결과로 생기는 분열 자체는 다니엘 7장 신현 뒤에 있는 전통에서 나타나는 것인데,

---

의 재구성은 바알의 변형으로서의 여호와를 인식하지 않은 것으로 보인다. 그렇다면 그는 어디에서 왔는가? 이러한 문제는 모든 가나안 인들의 보편적이고 늙은 신 엘에 대한 오래된 숭배, 젊은 신의 변형된 형태와 명칭을 가진 바알, 여호와에 대한 숭배, 그리고 성경 속 종교의 후기 형태 안에서 여호와가 엘에게로 통합된 것을 가정하면 사라지게 된다. 바알의 본래 거점이었다고 추정되는 남부 지역에서 (바알은) 산과 화산의 신이었는데, 북부로 이동하게 되면서 비와 폭풍의 신이라는 특징이 더해졌다. 물론 나는 여호와가 더 나아가 이러한 바알의 특징들까지 사용했다고 생각하지 않는다. 다음을 보라. Peter Hayman, "Monotheism—a Misused Word in Jewish Studies?" *Journal of Jewish Studies* 42, no.1(1991): 5. 또한 다음을 보라. Paula Fredriksen, "Mandatory Retirement: Ideas in the Study of Christian Origins Whose Time Has Come to Go," in *Israel's God and Rebecca's Children: Christology and Community in Early Judaism and Christianity: Essays in Honor of Larry W. Hurtado and Alan E Segal*, ed. David B. Capes et al. (Waco,TX: Baylor University Press, 2007), 35-38.

22. *mutatis mutandis*(필요한 부분을 수정한다는 뜻의 라틴어 경구)와 같은 유사한 설명이 잠언 8장의 지혜 여인, 호크마의 위치를 이해하는데 도움을 준다. 그녀는 사실상 하나님의 배우자 위치를 차지하며 아세라와도 연관된다. Smith, *Early History of God*, 133.

거기서 우리는 아직 분명하게 명명되지 않았지만 훗날 예수 혹은 에녹으로 불리게 될 새롭고 젊은 존재를 목격하게 된다.[23] 그러한 긴장감을 감지한 중세 랍비들의 찬송처럼, 여호와는 "심판의 날 옛적부터 항상 계신 분이시자, 또한 전쟁의 날 젊은 자"이시다.

이러한 통합—통합이 정말로 일어났다고 한다면—은 매우 초기부터 일어났을 것이다. 왜냐하면 오직 한 분 하나님에 대한 예배가, 〔더 이른 시기부터는 아니라 하더라도〕요시야(주전 6세기)와 신명기 사가의 혁명 때부터 이스라엘을 특징짓는 것이었기 때문이다. 이 통합은 텍스트 표면에 남아서 엘과 여호와의 결합은 성경 본문의 긴장과 이중성에서 여전히 발견될 수 있었으며, 제 2위의 젊은 하나님 혹은 하나님의 일부, 또는 하나님 안에 있는 신-인〔divine person〕이라는 특정한 종교적 배역을 염두에 둔 기민한 독자들에 의해 되살아날 수도 있었다(그리고 이 모든 선택지들은 기독교인들에게 뿐만 아니라, "정통" 비-기독교 유대인〔non-Christian Jewish〕 신학자들에게서도 채택되었다).[24]

---

23. 여기가 바로 내가 Otto Eissfeldt와 가장 결정적으로 의견을 달리하는 지점이다. Otto Eissfeldt, "El and Yahweh," *Journal of Semitic Studies* 1 (1956): 25-37, and Margaret Barker, *The Great Angel: A Study of Israel's Second God* (London: SPCK, 1992).

24. Daniel Abrams, "The Boundaries of Divine Ontology: The Inclusion and Exclusion of Metatron in the Godhead," *Harvard Theological Review* 87,

다니엘서 안의 본래 신화적 본문에서 나타나는 젊은 하나님은 이스라엘과 세계를 구원하게 될 존재이나, 고양된 다윗 계열의 왕은 아니다.[25] 지금까지 내가 논증해왔듯이, 이 환상에는 사람의 아들 같은 이를 실제 인간으로 주장하거나 심지어 그렇게 보는 것을 가능하게 할 만한 것이 아무것도 없다. 하지만 우리가 내부 설명을 제쳐두고 그저 본래 환상만을 살펴보면, 이 신적 존재에게 "권세와 영광과 나라가 주어지고, 모든 백성들과 나라들과 다른 언어를 말하는 자들이 그를 경배할 것이며, 그의 권세는 사라지지 않는 영원한 권세이고, 그의 왕국은 결코 멸망치 않을 것"이란 내용을 보게 된다. 구원자로 나타나는 제2위의 하나님이라는 이 신화적 형식은, 복음서들 그리고 복음서들 안에서 선포되는 종교 패턴을 해석함에 있어 핵심이라 할 수 있다. 그 안에서 우리는 이 신적 구원자와, 한 인간 곧 다윗 계열의 메시아와의 관계를 더 정확히 파악하기 위해 노력해야 한다.

늙은 하나님에 종속된 젊은 하나님이라는 신학의 전반적인 윤곽은 다니엘 7장의 보좌 환상에서 나타난다. 하지만 다니엘

---

no.3 (July 1994): 291-321.

25. Barker, *Great Angel*, 40. 따라서 나는 Emerton의 결론 곧 "그 사람의 아들에 사용된 표현은 다윗 계열의 왕이 아니라 여호와(Yahwe)를 암시한다는 결론에 동의한다. Emerton, "The Origin," 231.

서 저자는 이것을 감추려고 상당히 애를 썼다. 이스라엘의 두 하나님, 즉 엘과 여호와라는 개념을 대신해서, 늙은 신과 젊은 신—지혜로운 심판의 신과 전쟁과 처벌의 신—이라는 패턴이 이스라엘/가나안 종교의 더 오래된 형식에서 새로운 형식으로 옮겨간 것이다. 이제 늙은 신은 전적으로 테트라그람마톤〔YHVH, 여호와〕으로 명명되고(그의 주권은 의문의 여지가 없다), 반면에 젊은 신의 역할은—고위 천사들 혹은 다른 류의 신적 존재들에 의해 일부 나뉘기긴 했어도—적어도 성경 본문에서 "드러나는"〔official〕 종교 안에선 구원자가 된다. 여호와가 엘을 흡수하게 되면서 젊은 신은 그 자신의 이름을 잃게 되지만, 에녹과 그리스도, 이후 메타트론〔Metatron: 천사의 이름—역주〕뿐만 아니라 대천사들 혹은 미카엘과 같은 천사장의 변형들과 짐작건대 여러 차례 동일시된다.[26] 제2성전기와 이후 유대문헌에서 발견되는 젊은 신의 고대 모습들, 특히 "젊은 야후"〔the Little Yahu〕, 야호엘〔Yahoel〕은 성경 밖에서의 여호와〔YHVH〕의 정체성을 나타

---

26. 이러한 측면에서 볼 때, 두 번째 신〔적 존재〕과 대천사를 구별하는 것은 사실 부질없는 일이다. 우리는 고대에 유일신론은 오직 한 분의 신이 홀로 존재했음을 가리키는 것이 아니라, 다른 〔신적〕존재들이 복종하는 절대적인 최고 위치의 신을 의미했다는 것을 기억할 필요가 있다(그리고 이것은 니케아 이전까지 나무랄 데 없는 기독교 신학이기도 했다). Fredriksen, "Mandatory Retirement," 35-38는 이러한 입장에 대한 간략하고 탁월한 설명을 제시한다.

낸다.[27] 바로 이 신화의 영향력이 유대적인 이위일체론에서 기독교적인 유대신앙(Judaism)으로 이어지는 연속성을 설명해낸

27. "야호엘"(Yahoel)은 『아브라함 묵시록』(주후 70-150년)에 등장했다가 이후에는 『에녹3서』(주후 4-5세기)에서야 나타난다. 우리는 "젊은 야후"(the Little Yahu), "야호엘 야"(Yahoel Yah), "야호엘"이 명백하게 메타트론에게 주어진 이름임을 보게 된다. Andrei Orlov, "Praxis of the Voice: The Divine Name Traditions in the Apocalypse of Abraham," *Journal of Biblical Literature* 127 (2008): 53-70, and Philip S. Alexander, "The Historical Setting of the Hebrew Book of Enoch," *Journal of Jewish Studies* 28 (1977): 163-64. (이러한 맥락에서 또 다음을 보라. Gedaliahu G. Stroumsa, "Form[s] of God: Some Notes on Metatron and Christ: For Shlomo Pines," *Harvard Theological Review* 76, no.3 [July 1983]: 269-88.) Alexander 역시 바로 이러한 이름들이 하나님에 대한 동시대 다른 문헌들에서 암시된다고 지적한다. 고양된 천사들과, 신들 사이의 경계선은 점점 더 그리기도 보기도 힘들어진다. "어떤 단계에서는, 오래된 신화가 엘욘(Elyon)과 바알 모두와 동일시되었던 야훼(Yahwe)의 우월성 측면에서 재해석되었다. 이후 그 사람의 아들은 전통 속 야훼와 상당히 밀접한 이미지를 갖고 있음에도 불구하고 천사의 위치로 강등되었다. 이것은 후대 유대교에서 미카엘과 메타트론과 같은 존재들에게 고양된 신분이 주어지는 것을 설명하는데 도움이 된다."(Emerton, "The Origin," 242). 그러나 천사가 반드시 그러한 강등을 겪은 존재는 아니며, 아마도 이스라엘 종교 중심에 있는 유일신론에 관한 모호함 혹은 긴장을 가리키는 것임을 덧붙이는 게 중요할 것 같다(이것이 더 Emerton의 설명에 가깝다). 히브리성경 전체에서도 여호와(YHVH)와 그분의 말라크(Mal'akh), 곧 한 이름 없는 주의 천사는 신현의 상황에서 구별이 모호하다. 창세기 안에서 이 단어가 사용되는 첫 번째 사례는 이미 이러한 혼재를 나타낸다. 창세기 16:7에서 "여호와의 천사"는 하갈에게 나타나 분명 신이 하는 일들을

다. 또한 그 영향력은 비-기독교적 유대신앙에서도 매우 중요
하게 나타난다(비잔틴 시대 히브리 유대문헌에 등장하는 메타
트론과, 신적 부-통치자(vice-regent) 젊은 야후를 보라). 따라서
다니엘 7장으로 인해 우리는 두 유산을 물려받았다고 할 수 있
다. 하나는 천상의 구원자를 가리키는 용어, "사람의 아들"의
궁극적인 원천이란 유산이고, 또 하나는 제2성전기에 깊이 파
고든 고대 이스라엘의 이위일체 신학과의 연속성을 보여주는
최고의 증거란 유산이다. 이것들이 다니엘서 안에서 분리되어
있긴 하지만 (다니엘서 본문에 정확히 '사람의 아들'이라고 불
리는 인물은 없기 때문이다), 다니엘서 안에서 이 신화가 완전
히 성공적으로 은폐된 것은 아니며, 따라서 이 신화가 갖는 "사
람의 아들 같은 이"(one like a son of man)와의 강한 연관성은, (『에

수행한다. 13절에서 하갈이 그를 가리켜 여호와라 한 것은 당연하다.
Robert Alter가 Richard Elliot Friedman의 이름을 빌려 언급했듯이, "하
나님과 천사 사이에 어떠한 뚜렷한 구별도 나타나지 않는다." 이와
유사하게 창세기 22:11-18을 보면, 여호와의 천사가 정확히 여호와의
직무들을 수행하고 있다. 또 다른 놀라운 사례는 출애굽기 3장을 들
수 있다. 거기서 모세는 불타는 떨기나무 안에서 여호와의 천사를 보
게 되는데(3:2), 이후 7절을 보면, 모세에게 말씀하신 그분이 바로 여
호와라 불린다. 사실상 여호와와 이 특별한 말라크 사이에 분명한 구
분이 없다. 이들은 한 신이 가진 두 측면을 가리키는 것이며 또한 이
스라엘 종교에 잠재된 이신론(ditheism) 기원으로부터 나온 긴장이 만
들어낸 산물이라 할 수 있다.

녹서』와 같은 다른 고대 유대 종교문헌들에서 뿐만 아니라) 복
음서 안에서 칭호로서 "사람의 아들"〔Son of Man〕이 발전되어 온
것을 설명해낸다.

　다니엘 7장 안에서 "사람의 아들"이란 용어의 의미와 용례
는, 이스라엘 안에서 늙은 하나님과 젊은 하나님에 대한 예배가
계속해서 생명력이 있었음을 드러내는 아주 귀한 증거이다. 성
경신학 자체의 열매와 부딪치기에 더욱 그렇다고 할 수 있다.
이 증거는 랍비 유대교나 기독교와 같이 후기 유대교 형식들로
이어지기까지의 역사 관계를 밝히는 데 도움을 준다.[28] 나는 이
신화의 패턴을 이전이나 이후에나 이스라엘 종교의 살아있는
일부로 보면서, 우리가 기독교라 부르는 유대신앙〔Judaism〕의 형
태와, 비-기독교적인 후기 유대교의 상당 부분을 설명하고자
한다.[29] 다시 말해 다니엘서가 예언이라면 복음서는 그 성취라

28.　Collins, *Daniel*, 281. Collins는 이스라엘의 과거(심지어 이방의 과거)
　　에서 나온 얼어붙은 유물 곧 보좌 환상에 새겨진 종교 패턴을 고려하
　　는 것처럼 보인다. "모티프들이 '생생한 배경에서 떨어져 나와서는'
　　안 되며, '대응이 일어나는 문헌 속 특별한 개념이 획일적으로 이해
　　되어선 안 된다'는 요구가 제기되어 왔다. 이러한 요구는 성경 텍스
　　트 속 '종교 패턴'과 신화 속 '종교 패턴'를 비교하고자 할 때 정당화
　　될 수 있긴 하지만, 이것이 다니엘 7장 논의에 있어서 문제가 된 적은
　　없었다."

29.　Daniel Boyarin, "Beyond Judaisms: Metatron and the Divine
　　Polymorphy of Ancient Judaism," *Journal for the Study of Judaism in the*

할 수 있다.

어떻게 유대인들은 예수가 하나님이라고 믿게 되었을까?

모든 유대인들—혹은 상당수 유대인들—이 메시아가 인간일 뿐만 아니라 신일 것이라 기대했다면, 예수를 하나님으로 믿는 믿음은 어떤 새로운 종교가 태어나는 시작점이 아니라, 그저 유대신앙의 한 변형(벗어난 것이 아니라)이라고 할 수 있다. 이것이 논쟁적인 표현으로 보인다 할지라도, 일단 먼저 예수의 신성의 기원에 관한 더 넓은 문맥의 논의 안에서 이해할 필요가 있다. 이후 삼위일체 신학의 세밀함으로 다듬어지게 되는 '예수는 사실 하나님이다'란 신학적 개념은, '저기독론'—저기독론이란 '예수는 본질상 계시를 받은 인간 곧 선지자 혹은 선생이며 하나님은 아니다'란 입장을 말한다—과 대조되어 '고기독론'이라 불리게 된다.

'기독론'은 기독교 신학과 역사 속에서 그리스도의 교리와 이야기를 구성하는 모든 주제들과 논쟁들에 사용되는 용어이다. 이를테면, 5세기에 '예수께서 하나의 인성을 가지셨는지, 하나의 신성을 가지셨는지, 혹 하나로 결합된 신성과 인성을 가지셨는지'에 관한 심각한 논쟁이 있었고 이는 '기독론 논쟁'(Christological controversy)이라 불렸다. 기독론의 규정 아래 다른 많은 주제들이 논의되고 고려되었다. 예수는 태어날 때부터 신이었는가, 아니면 보통의 인간이 이후 하나님의 선택을 받아 신이 된 것인가? 예수는 어떻게 구원을 가져오는가—십자가를 통해서? 가르침을 통해서? 혹 인간이 신이 되는 방법을 보여줌으로써? 또한 저기독론은 '유대적'인 것이고 반면에 고기독론은 그리스 사상 세계로부터 기독교로 유입된 것이라는 주장들이 자주 제기되었다. 기이하게도 이러한 입장은 기독교를 그저 이교도(paganism)로 깎아내리고자 했던 유대 저자들뿐만 아니라, 가급적 빠르게 오래된 종교로부터 벗어나 '새로운 종교'로 차별화하길 원했던 정통 기독교 학자들에 의해서도 받아들여졌다. 하지만 이렇게 이중적으로 변호하는 접근 방식은 더 이상 유지될 수 없다.

고기독론의 기원에 관한 의문은 신약성경에서 증명된 기독교 전단계(역사) 혹은 기독교 이전(pre-Christianity) 역사에 대하여 계속해서 학계의 큰 관심을 불러일으켰다. 언뜻 보기엔 이것이 유대인들의 유일신론이라는 절대적인 원칙을 깨뜨리는 것처럼 보였기 때문이다. 최근 한 논문에서 앤드류 체스터(Andrew Chester)는 이 의문에 대해 학자들이 현재 변호하고 견지하는 다양한 입장들을 잘 요약했는데, 이는 크게 네 사상 학파로 나눌 수

있다.[30]

첫 번째 입장은 한 세기 넘게 진보적인(liberal) 개신교인들에게 인기있었던 입장인데, 곧 그리스도의 신성이란 개념이 단지 상대적으로 늦은 '이교적인'(이방의) 발전이었을 것이란 주장이다. 이는 유대적이라고 불릴 만한 그 어떤 것과도 완전히 단절되는 것을 뜻한다. 이 입장은 예수를 믿었던 초기 유대인 신자들이 그를 계시받은 선생으로, 선지자로, 혹 오직 인간이라는 의미에서 메시아로 믿었다는 식으로 논의를 이어간다. 이 견해에 따르면 대다수 기독교인들이 더 이상 유대인이 아니게 된 이후에야, 아마도 많은 수의 새로운 기독교 개종자들이 가지고 있었던 '이방' 개념들의 영향 아래, 예수를 하나님으로 보는 개념이 들어오게 되었다.

두 번째 입장은 현재 특히 신약학자들 가운데서 우세를 보이는 입장으로서, 고기독론의 가장 초기 버전이 유대 종교의 배경 안에서 나타난 것이라 본다.[31] 나는 예수와 그분을 둘러싼 유

---

30. Andrew Chester, "High Christology—Whence, When and Why?" *Early Christianity* 2, no. 1 (2011): 22-50.

31. Chester는 그리스도의 신성을 유대 민족 안에서 나타난 것으로 보는 (두 번째 입장의) 학자들 그룹 안에 세 가지 경향이 있다고 말한다. 이는 거의 그것이 나타난 속도에 따라 정해진다. (1) James Dunn에 따르면, "고기독론은 본질적으로 유대 범주 안에서 나타난다. 하지만 이는 아주 서서히 진행되며, 고기독론이 나타나는 것은 결국 요

대인들 모두가 고기독론—이것에 의하면 메시아됨〔Messiahship〕

한복음 안에서이다(이것만 보면 첫 번째 입장과 비슷하지만, 이교
적인〔이방의〕 자료를 필요로 하지 않는다는 점에서 차이가 난다). (2)
Martin Hengel, Larry Hurtado에 따르면 고기독론은 부활에 대한 반응
으로 매우 빠르게, '폭발적으로' 유대인 배경 안에서 등장한다. 또한
바울에게서 가장 분명하게 보인다. (3) 내가 주장하는 것이기도 한
Horbury, Collins의 견해는 곧 고기독론 뒤에 있는 신학적인 개념들
이 이미 제2성전기 유대교 안에 존재했었다는 것이다. Chester, "High
Christology," 31.

* Adela Yarbro Collins는 최근에 '신'〔divinity〕에 대한 두 의미를 구별
했다. "하나는 역할에 따른 것이다. 이러한 의미에서 다니엘 7:13-14
의 '사람의 아들 같은 이,' 에녹 비유의 '그 사람의 아들,' 그리고 공
관복음서의 '예수'는 신이라 할 수 있다. 그들은 우주적인 왕국을 다
스리고, 하늘 보좌에 앉고, 종말에 인간을 심판하거나, 전형적인 신
의 이동 수단인 구름을 타고 이동하는 것과 같은 신적 행위들을 실
행한다(혹은 실행하리라고 기대된다). 또 다른 의미는 존재론적
인 것이다." Adela Yarbro Collins, "'How on Earth Did Jesus Become
God': A Reply," in *Israel's God and Rebecca's Children: Christology
and Community in Early Judaism and Christianity: Essays in Honor of
Larry W. Hurtado and Alan F. Segal*, ed. David B. Capes et al. (Waco,
TX: Baylor University Press, 2007), 57. 내가 생각하기에 "역할적"인
것과 "존재론적"인 것 사이에 가장 큰 차이는, 복음서에 이루어진 후
기 그리스어의 반영이라고 보기 때문에, 이 책 전체에서 내가 가리
키는 것은 전자의 의미이다. 이러한 맥락에서 언제나 분별력 있고 유
용한 Paula Fredriksen의 글을 보라. "Mandatory Retiremnet: Ideas in
the Study of Chirstian Orgins Whose TIme Has Come to Go," in *Israel's
God and Rebecca's Children*, 35-38. (나는 이 마지막 참고문헌에 대하
여 Adela Yarbro Collins에게 감사한다.)

을 주장하는 것은 또한 신-인(divine man)을 주장하는 것이다—을 따른다고 볼 때에야 비로소 복음서를 이해하는 것이 가능하다고 주장하는 바이다.* 이 경우가 아니라면, 예수의 말씀을 받아들이지 않았던 유대 지도자들이 나오는 부분에서, [그들이] 예수에게 보인 극도로 적대적인 반응을 이해하는 데 있어서 상당히 어려움을 겪게 될 것이다. 유대인들 가운데 벌어진 논쟁은 전혀 새로운 것이라 볼 수 없다. 다만 십자가까지 가게 된 논쟁은 아주 특별한 것이었음에 틀림없다. 한 유대인이 자신이 하나님이라 주장하고, 또 유대인들이 기대해왔던 신적인 사람의 아들이라고 주장하는 가운데, 이러한 주장들에 대해 사람들이 웃고 넘기지 않았다는 것이 바로 그러한 특별함을 말해준다.

사람의 아들의 신성모독

많은 유대인들이 예수를 신이라고 믿게 된 이유는 그들이 이미 이전부터 메시아/그리스도는 신-인(god-man)일 것이라 기대하고 있었기 때문이다. **이러한 기대는 유대 전통에 있어서 중요한 부분이었다.** 유대인들은 다니엘서를 신중하게 읽고 그 환상과 계시를 종말에 일어날 예언으로 이해함으로써 그러한 기대를 갖게 되었다. 우리가 막 살펴본 것처럼, 다니엘서 안에서 젊은 신적 존재는 통치권을 부여받고 세계를 영원히 다스리는 통치자가 된다. 나는 예수께서 스스로를 신적인 사람의 아들로 보셨다는 것을 밝히고자 한다. 마가복음 2장의 몇몇 난해한 본문들을 설명함으로써 이와 같은 작업을 수행할 것이다.

우리가 다니엘 7장에서 본 것처럼, 사람의 아들은 모든 지상 세계를 다스리는 영광과 통치권과 권세를 부여 받는다. "왕위와 권세와 **온 천하 나라들**의 위세가 지극히 높으신 이의 성도들에게 돌아갈 것이다. 그의 나라는 영원한 나라요, 모든 권세들이 그를 섬기며 복종할 것이다"(단 7:27). 이 구절이 사람의 아들 내러티브를 비신화화하고자 애쓰는 7장의 해석학적 틀로부터 나온 것이긴 하지만, 그러한 노력에도 불구하고 사람의 아들의 신성이 분명하게 표시된 7장 앞부분의 영향력에서 벗어나진 못한다.

마가복음 2:5-10에서 우리는 다음과 같은 내용을 보게 된다.

[5] 예수께서 그들의 믿음을 보시고, 중풍병자에게 "이 사람아. 네 죄가 사함받았느니라"하고 말씀하셨다. [6] 어떤 서기관들이 거기에 앉아서 마음속으로 의아하게 생각하기를, [7] "이 사람이 어찌하여 이런 말을 하는가? 신성모독이로다! 한 분 하나님 외에(except the one God) 누가 죄를 사할 수 있는가?"[32] [8] 예수께서 그들이 속

---

32. Adela Yarbro Collins를 따라 문장 마지막 부분(RSV: "그러나 하나님만이 홀로"(but God alone))의 번역을 수정했다("한 분 하나님 외에

으로 이렇게 생각하는 것을 곧바로 마음으로 알아채시고 그들에게 말씀하셨다. "어찌하여 너희는 마음속에 그런 생각을 품고 있느냐? [9] 중풍병자에게 '네 죄가 사함을 받았느니라' 하는 말과, '일어나 네 자리를 걷어서 걸어가라' 하는 말 중에서 어느 쪽이 더 말하기 쉽겠느냐? [10] 그러나 그 사람의 아들이 땅에서 죄를 사하는 권세가 있음을 너희가 알게 하려 하노라"—예수께서 중풍병자에게 말씀하셨다. …. (막 2:5-10).

"그러나 그 사람의 아들이 땅에서 죄를 사하는 권세가 있음을 너희가 알게 하려 하노라." 그 사람의 아들은 땅에서 죄를 용서하는 하나님의 일을 할 수 있는 (분명히 하나님께 위임받은) 권세를 가지고 있다. 이러한 주장은 다니엘 7:14에서 나온 것인데, 거기서 우리는 사람의 아들 같은 이에게 "권세〔authority〕—사라지지 않는 영원한 권세이다—와 영광과 왕위"가 주어지는 것을 보게 된다. 우리가 전통적으로 신약성경 문맥 "엑수시아"(ἐξουσία)에서 "권세"라고 번역한 용어는, 칠십인역에서 아람어 "샬탄"(שלטן)을 번역한 단어, 곧 '주권' 혹은 '통치권'과

에"(except the one God). Adela Yarbro Collins, *Mark: A Commentary,* ed. Harold W. Attridge, Hermeneia—a Critical and Historical Commentary on the Bible (Minneapolis: Fortress Press, 2007), 181. 또한 그녀의 논의를 보라. 185.

정확히 같은 용어이다. 다시 말해 예수께서 그 사람의 아들로 주장하신 것은 다니엘서에서 사람의 아들 같은 이에게 주어진 것과 동일하다. 예수께서는 꽤나 직접적으로 자신의 주장의 기초를 고대 텍스트에 두신 것이다.[33] 이 전통에 따르면, 예수께서 주장하신 그 사람의 아들에게는 "하늘 아래" 온 땅〔온 천하 나라들〕(단 7:27)을 다스릴 신적 권세가 부여되었다.[34] 더욱이 이 통치자는 율법의 특례를 선언할 수 있는 권위를 가졌다.

죄를 사하는 예수의 행동을 "신성모독"이라 불렀던 서기관들의 반발은, 예수께서 그러한 행동을 통해 신성을 주장하고 있는 것이란 전제를 깔고 있다. 그러므로 오직 하나님 한 분만이 죄를 사하실 수 있다는 서기관들의 강조에 맞서, 예수께서는 다니엘 7장의 제2위의 신적 존재, 곧 사람의 아들 같은 이는 하나님을 위하여 하나님으로서 행동할 수 있는 권위를 가졌다고 대답하신다. 이는 곧 하나님의 이중성에 대한 직접적인 선언이며,

---

33. 다니엘서에서 기본적인 아람어 단어의 의미를 감안하면, "권세"〔authority〕는 나에게 다소 약한 표현으로 느껴진다. 통치권〔sovereignty〕이 훨씬 더 나은 것 같다. 통치권은 왜 사람의 아들이 땅에서 죄를 사하는 권능〔power〕을 가지고 있는지를 보다 분명하게 설명해준다.

34. Morna Hooker, *The Son of Man in Mark: A Study of the Background of the Term "Son of Man" and Its Use in St Mark's Gospel* (Montreal: McGill University Press, 1967), 90-91. 그녀는 이것을 (그녀의 초기 입장과 일부 반대되지만) 대체로 "사람"의 중요한 특권으로 보는 것 같다.

당연히 이후에 기독교 신학의 특징으로 자리잡는다. 복음서를 통틀어 예수께서 신의 특권으로 보이는 일을 행하실 수 있는 "엑수시아"(ἐξουσία: '권세')를 주장하실 때마다, 나타나는 것은 바로 그 사람의 아들의 "엑수시아"(ἐξουσία: '권세')이다. 이는 곧 다니엘 7장을 상세히 읽은 것에 근거를 둔 성경적인 권세이다.[35] 우리는 이제 왜 후대 랍비들이 이러한 고대의 종교적 관점을 이단이라 부르며, "하늘의 두 권세"라고 했는지 보게 될 것이다.

"그 사람의 아들은 안식일에도 주인이다"

'다니엘 7장을 어떻게 읽어야 하는가'라는 질문은 예수를 따르게 된 이들에게 뿐만 아니라, 그 시대 많은 유대인들 심중에 있었던 질문이기도 하다. 마가복음은 상당히 직접적으로 그리고 의도적으로 우리에게 다니엘서를 세밀하게 읽으라고 이

---

35. 이 통찰은 Gudrun Guttenberger, Ishay Rosen Zvi의 견해를 보고 깨달은 것이다. 또한 다음을 보라. Seyoon Kim, *"The 'Son of Man'" as the Son of God*, WUNT (Tubingen: J.C.B. Mohr, 1983), 2. "이 신의 특권을 주장함으로, 예수께서는 스스로를 그 사람의 아들로 생각하며 신의 범주 안으로 들어가신 것이다. 그분의 초인적인 치유 행위는 이러한 주장에 대한 표지이다. 따라서 1927년에 이미 O. Procksch는 여기서 나타나는 '그 사람의 아들'은 하나님의 아들을 상징한다고 주장했었다."

야기한다. 이러한 측면에서 우리는 복음서 안에서 가장 당혹스러우면서도 중추적인 역할을 하는, "사람의 아들"에 관한 서술들 가운데 하나를 해석해 보고자 한다. 나는 이 본문들을 으레 읽혔던 문맥과는 완전히 다른 문맥에 놓고자 한다. 이 새로운 문맥에서는 특정한 단서들이 더욱더 생생하고 현저하게 드러난다. 본문을 낯설고 새로운 방식으로 보게 만드는 질문은 그 답례로 무슨 일이 벌어지고 있는지, 더 정확히 표현하자면 복음서 저자나 그 청중이 어떠한 상황에 처해있는지를 완전히 다르게 그려낼 수 있도록 돕는다. 다니엘 7:14을 정밀하게 읽으며 마가복음 2:10을 해석하는 방식은 나로 하여금 마가복음 2장의 또 다른 당혹스러운 서술, 곧 안식일에 이삭을 잡아챈 사건으로 알려진 사람의 아들에 관한 서술을 새롭게 이해할 수 있도록 만들었다. 이 이야기에서 몇몇 바리새인들은 예수의 제자들이 안식일에 걸어가며 이삭을 잡아채 먹는 것을 발견하고, 이 무심하고 거만해 보이는 안식일 위반에 대하여 예수께 항의한다. 예수께서는 제자들을 열심히 변호하신다. 이 본문은 예수께서 스스로를 유대인들이 기대하고 있었던 다윗 계열의 메시아로서 또 신적 구원자로서 보고 계셨다는 것을(혹은 그렇게 보신 것처럼 묘사되고 있다는 것을) 이해하는데 도움을 준다.

[23] 안식일에 예수께서 밀밭 사이로 지나가시게 되었다. 제자들

은 길을 내면서 이삭을 잡아채기 시작했다. [24] 바리새인들이 예수께 말했다. "보십시오. 어찌하여 저들은 안식일에 적법하지 않은 일을 하고 있습니까?" [25] 예수께서 그들에게 말씀하셨다. "너희는 다윗과 그 일행이 굶주려 어려움에 처했을 때, 다윗이 한 일을 읽지 못했느냐? [26] 아비아달이 대제사장일 때에, 그가 하나님의 집에 들어가서 제사장 외에는 먹어서는 안 되는 진설병을 먹고 그 일행에게도 주지 않았느냐?" [27] 그리고 예수께서 그들에게 말씀하셨다. "안식일은 사람을 위하여 생긴 것이지, 사람이 안식일을 위하여 생긴 것이 아니다. [28] 그러므로 그 사람의 아들은 안식일에도 주인이다." (막 2:23-28).

이 본문에 수반되는 몇 가지 유명한 문제들이 있다(이는 마가복음 7장에서도 마찬가지인데, 그것도 곧 다룰 것이다). 이 본문은 곧 유대 종교역사를 재구성하는 데 있어서 큰 중요성을 지니고 있다.[36] 가장 큰 쟁점은 첫째로 제자들이 안식일에 이삭

---

36. 신약학자 F. W. Beare가 "이방 교회들 사이에서 이 문제 자체가 큰 논란이 되진 않았을 것이다. 이는 단지 '모세의 율법은 기독교인들에게 어느 정도까지 구속력을 갖는다고 여겨야 하는지'와 같이 더 광범위한 문제의 한 측면에 불과했을 것이다. 페리코페(pericope)인 한에서, [이 이야기의 개별 단락은] 공동체의 산물이라 할 수 있다. 따라서 이는 헬레니즘적인 교회의 산물이 아니라, 팔레스타인 유대 기독교의 산물로 여겨져야 할 것이다. 그러므로 이 부분을 이해하려면 유대인

을 잡아챌 수 있었던 근거이고, 둘째로 다윗의 비유를 드신 예
수의 대답이 가진 의미와 성격이다. 세 번째 쟁점은 〔다윗의 비유
를 든 예수의〕 대답과, 27-28절—즉 그 사람의 아들이 안식일의 주
인이며, 안식일은 사람을 위해 생긴 것이라는 말씀—사이의 관
계이고, 마지막 네 번째 쟁점은 그 구절들 사이의 연결성과 의
미라 할 수 있다.[37] 여기서 예수께서는 제자들의 행동을 지나치

의 전통과 사고방식을 조사해야 한다." F. W. Beare, "The Sabbath Was Made for Man?' " *Journal of Biblical Literature* 79, no.2 (June 1960): 130.

37. 일반적으로 이것은 매우 중요한 문제이다. 신약학자들은 27-28절을, 다윗에 관한 대답이 기록된 본래 본문에 추가된 절들로 보거나, 혹은 27-28절을 본래 본문으로 보고 다윗에 관한 언급을 이차적으로 추가된 부분으로 본다. Guelich가 말하듯이(Back, *Jesus of Nazareth*, 69; Doering, *Schabbat*, 409도 비슷하다), 이 네 가지 쟁점은 두 가지로 요약할 수 있다. (1) 다윗의 행동에서 나온 예수의 주장이 본래 본문이고, 이후 한 두 단계로 27-28절이 추가된 것인가? 혹은 (2) 27절(과 아마도 28절)이 본래 예수의 대답이고 이후 다윗의 이야기가 더해진 것인가? John Paul Meier, "The Historical Jesus and the Plucking of the Grain on the Sabbath," *Catholic Biblical Quarterly* 66 (2004): 564.

* 할라카는 랍비 유대교에서 결정적이거나 구속력 있는 판정 기준으로 기능하는 법적 판결로(히브리어 단어는 "걷다"를 의미), 유대 관습의 모든 측면을 위한 길을 제시한다(참조, 출 18:20). 이 법적 판결의 전통은 오경에서 앞서 등장한 법에 대한 "해설" 기능을 하는 신명기("두 번째 율법")에서부터 발견되므로, 이 전통은 성서 자체로부터 시작되었다고 볼 수 있다. 할라카는 바벨론 포로기 이후 에스라와 서기관들이 추진하였고, 랍비들이 탈무드에서 성문화하였다. 유대인의 삶과 실천에 관한 법적 판결 과정은 주석과 다른 글들을 통해 계속 진행

게 정당화하고 계신 것처럼 보인다. 이러한 변호는 안식일은 인간의 행복을 위해서라면 위반할 수도 있다는 고대 할라카 원리에 근거한 것인가?* 아니면 예수의 메시아 신분과 어떤 관련이 있는 것인가? 많은 학자들이 이 본문이 삽입된 것이라 가정함으로 이 문제를 '해결해왔다.' 이러한 설명 자체는 불만족스럽긴 하지만, 또 한편으로는 본문에 놓인 긴장, 곧 고대 할라카(적법)논쟁(확실히 여기서 벌어지고 있다)과, 예수의 말씀 속 급진적 묵시론적인 변형(내 생각엔 이것 역시 여기서 나타나고

되고 있다. 즉 할라카는 토라를 지속적으로 적용하는 것을 의미한다 —역주(『성서학 용어사전』 [서울: 알맹e, 2019]에서 발췌).

** "랍비들"은 미쉬나, 미드라쉼, 그리고 팔레스타인 탈무드와 바빌론 탈무드를 만든 유대인 선생 그룹의 지도자들을 가리키는 호칭이다. 그들은 주후 2세기부터 7세기까지 팔레스타인과 바빌론에서 번성했으며, 결국엔 권위있는 유대교 전승자로 인정되었다. 이 본문에 인용된 권위자들은 모두 주후 2세기 팔레스타인인들(탄나임)이며, 따라서 그 특성들이 진정성이 있다 하더라도, 본문 자체는 복음서들보다 시기적으로 늦다. 랍비들의 평행 본문이 예수의 말씀의 한 측면을 밝혀주고 있음에도 불구하고—즉 성경적인 근거를 밝혀주고 있다—그보다 더 중요한 점은, 복음서가 랍비들의 개념이 오래된 것임을 입증해주고 있다는 것이다. (일부 중대한 차이에도 불구하고) 여기서 우리가 보게 되는 것은 안식일에 대한 두 그룹의 유대 전통이 수렴되고 있다는 점이다. 두 전통 모두 같은 추론을 토대로 안식일에 적어도 몇몇 치료는 허용한다. 즉, 안식일은 그것을 지키는 자들에게 유익을 끼치기 위해 주어진 것이었지, 안식일을 섬기기 위해 사람이 있는 것은 아니었다.

있다) 사이의 긴장을 명확히 보여주고 있다. 여기에 할라카 논쟁에 대한 진정한 기억이 남아있다는 것에 내가 설득력을 느끼는 이유는, 바로 예수의 주장 속 원리들이 이후 랍비들의 전통에서도 발견된다는 사실 때문이다.**

다음은 우리의 목적에 부합하는 중요한 본문이다.

랍비 이스마엘(Ishmael)과 랍비 아키바(Akiva)와 아자리아(Azari-ah)의 아들 랍비 엘아자르(Elazar)가 길을 걷고 있었다. 레비 하싸다르(Levi Hassaddar)와, 아자리아의 아들, 랍비 엘아자르의 아들, 랍비 이스마엘이 그들 뒤를 걷고 있었다. 그들 사이에 질문이 생겼다. "생명을 구하는 것이 안식일을 대체할 수 있다는 것을 우리는 어디에서 알 수 있는가?"

랍비 이스마엘이 대답했다. 보라 다음과 같이 이르기를, "도둑이 침입해 들어온 것을 알고 쳐죽이면, 죽인 사람에게 살인죄가 없다. 그러나 해가 뜬 다음에 이런 일이 생기면 그에게 살인죄가 있다[출 22:2-3]. 그 도둑이 죽이러 온 것인지 혹 훔치러만 온 것인지 우리가 확신하지 못한다 하더라도 이 말씀은 옳다. 이제 추론은 가벼운 것에서 무거운 것으로 옮겨간다. 땅을 더럽히고 신의 임재를 밀쳐내는 사람을 죽이는 것이 (밤에 침입해 들어온 자를 알아차린 경우에서처럼) 안식일을 대체하는 것과 같이, 생명을 살리는 것은 더더욱 (안식일을 대체한다!)"

랍비 엘아자르는 큰 소리로 다른 대답을 내놓았다. "사람의 신체 한 부분만을 [살리는] 할례가 안식일을 대체하는 것처럼, 몸 전체를 [살리는 것은 더더욱 안식일을 대체한다!]"…

랍비 아키바가 말한다. "살인이 안식일을 대체하는 성전 예배를 대체한다면, 생명을 살리는 것은 더더욱 [안식일을 대체한다!]"

랍비 요세 하겔릴리(Yose Hagelili)는 말한다. "이르기를 '그러나 내 안식일(들)을 지키라'에서 '그러나'는 구별을 만들어 낸다. 네가 거절하는 안식일이 있고 지키는 안식일이 있다[즉 사람의 생명이 위태로울 때, 이는 안식일을 대체한다]."

메나시아(Menasya)의 아들 랍비 쉼온(Shim'on)은 말한다. "보라 이르기를, 안식일을 지키라. 안식일이 너에게 거룩하기 때문이다. 너에게 안식일이 주어진 것이지, 안식일에 네가 주어진 것이 아니다." 랍비 나탄(Natan)이 말한다. "이르기를, 이스라엘의 자녀들이 그들 세대를 위한 안식일을 지키려고 안식일을 지켰는가? 그[병자]를 위하여 안식일 한 번을 더럽히라. 그가 많은 안식일들을 지킬 수 있게 될 것이다!" (메킬타, 안식일 논고, 1).[38]

기독교 저자들은 예수의 설교 안에서 급진적으로 새로운 내용과 비-유대적인 내용을 분간하려고 애쓰는 가운데, 안식일

---

38. 번역은 내가 한 것이다(מכילתא דרבי ישמעאל כי תשא־דשבתא‎ פרשה א‎).

은 사람을 위하여 생긴 것이지 사람이 안식일을 위하여 생긴 것이 아니라는 예수의 진술을 자주, 안식일 준수 자체를 전적으로 반대하는 말씀으로, 또 더 이상 결의법(casuistry)의 종교가 아닌 사랑의 종교의 시작으로 읽어왔다. 그러나 위 본문에서 우리는 랍비들이 안식일에 관해 가진 견해들이, 예수께서 가지신 (보다 더 넓은) 견해들과 상당히 밀접한 관계가 있다는 것을 보게 된다. 확실히 직접적으로 모순되진 않는다. 앞서 살핀 논의들과 복음서 속 예수의 주장 사이에 주제적 유사성들은 분명 인상적이다. 이러한 평행은 마가복음이 아니라 마태복음 12장의 더 분명한 논의를 살펴보면 더욱더 강하게 드러난다. "또 안식일에 성전에서 제사장들이 안식일을 범하여도 죄가 없음을 너희는 율법에서 읽지 못하였느냐? 내가 너희에게 말한다. 성전보다 더 큰 이가 여기에 있다"(마 12:5-6). 이는 성전에 대한 랍비 아키바의 주장에도 평행한다.[39]

---

39. 확실히 자주 마태복음은 사고와 표현의 측면에서 마가복음보다 더 랍비문헌과 가깝다. 마태복음이 마가복음보다 원시-랍비 전통과 더 가까웠을 가능성이 높긴 하지만, 이 본문이 낳은 개념 곧 '마태복음이 마가복음보다 더 "유대적"(Jewish)이다'라는 개념은 내가 보기엔 분명 잘못된 판단이다. 랍비 아키바의 주장은 다소 파악하기 어렵긴 하지만, 아마도 다음과 같은 의미로 이해하는 것이 최선일 듯하다. 우리는 출애굽기 21:14에서 사람을 죽인 자를 제단에서, 심지어 제사 중이라 할지라도 끌어내리는 것을 보게 된다. 또 이 구절에서 우리는 예비되고 있는 살인(자)에 관한 말씀, 곧 "너는 그를 제단에서 끌어내

려 죽여야 할 것이다"란 말씀을 보게 된다. 이제 살인을 바로 잡는 것
은 심지어 제사보다도 더 중요하다. 그리고 제사는 안식일보다 더 중
요하다(성전에서 제사 의식을 하기 위해선 안식일을 범할 수 밖에 없
기 때문이다). 그러므로 랍비 아키바는 다음과 같이 주장한다. 사람
의 생명을 구하는 것이 안식일보다 더 중요하기에 안식일을 제쳐 놓
을 수 있다. 살인자를 처형하는 것에서부터 생명을 살리는 것으로 추
론을 이어간 것은, 자비의 수단이 언제나 징벌(응보)의 수단보다 더
강력하다는 일반적인 탄나임 원리의 한 사례로 보인다. 이는 (마태복
음 12장) 6절의 말씀을 새롭게 이해할 수 있게 해준다. 예수께서 "내가
너희에게 말한다. 성전보다 더 큰 이가 여기에 있다"라고 말씀하셨
을 때, 얼핏 보기에 그분은 이후 랍비 아키바를 통해서 듣게 되는 더
강력한 주장을 그저 앞당기신 것으로 보인다. 우리가 성전에서의 예
배를 위해서도 안식일을 위반할 수 있다면, 하물며 사람에게 유익을
주는 일은 어떻겠는가. 따라서 아키바는 '사람에게 유익을 주는 것이
성전에서 예배드리는 것보다 더 크다'고 주장한 바 있다. 그러나 또
한 예수의 할라카적인 진술이 (사람의) 유익에 대한 더 광범위한 시
험 즉, 랍비들이 말하듯이 단순히 생명을 구하는 것뿐만 아니라 굶주
림으로부터 구하는 것까지도 포함하는 훨씬 더 급진적인 의미를 지
님도 인식해야 한다(참조, Aharon Shemesh, "Shabbat, Circumcision
and Circumcision on Shabbat in Jubilees and the Dead Sea Scrolls,"
unpublished paper [2011]. 이 장에 대한 견해를 나눠주고 또 출판 전에
나에게 그의 연구를 공유해준 Shemesh 교수에게 감사한다). 본서 3
장에서 보게 되겠지만 마가복음 7장의 반복되는 패턴 안에서, 예수의
할라카적 주장—사실상 문제될 것이 없고, 또한 랍비들보다 훨씬 더
오래 전에 드러난 랍비들의 원칙들과도 잘 어울린다—은 비유의 한
종류로 그리고 예수와 복음서 저자들이 살았던 메시아 시대에 관한
말씀으로 해석될 수 있다. Shemesh가 말하듯이, "두 논쟁 모두에서
예수께서 랍비들보다 더 주장의 정당함을 잘 드러내셨음을 인정해야
한다."

예수께서, 생명을 살리는 일이 안식일을 대체한다는 원리
를 아직 명확히 드러내지 않았던 고대 바리새인들과 논쟁하셨
던 것은 어찌 보면 당연한 일이다. 나의 동료, 아하론 쉐메쉬
〔Aharon Shemesh〕는 〔생명을 살리는 일이 안식일을 대체한다고 보는〕 그러
한 입장이 사해 공동체에 속한 유대인들의 입장이었다고 지적
했다.[40] 하지만 이 문제에 있어서 예수의 가르침은 후대 **탄나임**
의 가르침—아마도 그랬을 리 없겠지만 혹여 예수께로부터 배
웠을 수도 있다—과 거의 반대되지 않는다. 내 생각에 복음서의
예수께서 뚜렷이 구별되는 지점은 이 원리들을 더 묵시론적으
로 확장시킨 것, 곧 그 사람의 아들에 관한 표현—그 사람의 아
들, 신적 메시아가 지금 안식일의 주인이라는 표현—에 있다.

　이것은 또한 랍비들의 말씀과 복음서 저자(혹 예수)의 말씀
사이에 한 가지 큰 차이를 설명해낸다. 랍비들의 해석과 할라카
는 어떤 유대인이 **다른 유대인**을 구하고자 안식일을 위반하는
것을 허용하는 방향으로 뚜렷이 기우는 경향이 있다. 반면에,
예수의 말씀과 그 귀결은 (꼭 그런 것은 아니지만) **어떤 인간도**
구함을 받을 수 있다는 것을 가리키는 것처럼 보인다. 만약 보
이는 것처럼 랍비들의 율법이 오직 유대인들에게만 적용되는
것이라면, 그에 대한 예수의 확장된 적용은 마가복음이 기록된

---

40. Shemesh, "Shabbat."

시기 안에서 급진적이고 묵시론적으로 해석한 결과물이라 할
수 있다. 그 시기는 토라가 거부되는 것이 아니라 오히려 확장
되고 "성취되는"—마태의 용어를 사용하자면—시기이며, 그 사
람의 아들이 나타나 그의 완전한 권세를 주장하는 시기이다.[41]

---

41. 특정 기독교 학자들 사이에서 (악한) '유대교'와 (선한) '기독교'
의 절대적인 차이와 그로 인한 갈등을 강조하는 경향을 본다. 이러
한 경향의 사례로는 다음과 같은 것이 있다. Arland J. Hultgren, "The
Formation of the Sabbath Pericope in Mark 2:23-28," *Journal of Biblical
Literature* 9 1, no. 1 (March 1972): 39n8. 그의 다음과 같은 진술을 보
자.

> 많은 주석가들이 지적하듯이, 2세기 R. Simeon b. Menasya
> (Mekilta on Exod 31:14)의 진술 안에서 긴밀한 평행을 보게 된
> 다. "안식일이 너에게 주어진 것이지, 안식일에 네가 주어진 것
> 이 아니다." 하지만 이 말씀은 마가복음 2:27과 같은 의미가 아
> 니다. 그 문맥을 보면 그 말씀은 유대인이 구별되어 세워지는 장
> 면에서 안식일을 강조한다. 즉 이스라엘에게 주어진 것이다(출
> 31:14). 안식일은 이스라엘에게 선물로 주어진 것이다. 따라서
> 이스라엘은 그것을 지켜야 할 것이다. 마가복음 2:27에서 안식
> 일은 사람의 유익을 위해 세워진 것으로 이해된다. 물론 유대인
> 의 환경에서는 그것이 지켜졌을 것이다. 하지만 중요한 것은 안
> 식일 결의법—그 의도가 그 날을 기념하기 위한 것이라 할지라
> 도—이 아니라 인간의 삶을 향상시키는 것이다.

위에서 드러난 고의적인 무시는 놀랍도록 충격적인 것이다. 랍비
Shim'on ben Menasya의 말씀이 안식일에 치료를 허용하는 것에 관
한 말씀이라는 문맥과 완전히 동떨어져 있기 때문이다. Hultgren은
완전히 틀렸다. 그의 문장은 다음과 같이 고쳐야 한다. "안식일은 이

스라엘에게 선물로 주어진 것이다. 따라서 안식일에 유대인을 치료하는 것은 허용된다." 문제를 모호하게 만들지 않기 위해서, 내가 예수와 메킬타(랍비들) 사이의 아주 중대한 차이점을 부정하는 것이 아니란 점을 강조해야겠다. 랍비들은 분명 안식일에 치료를 허용하는 것을 유대인들에게로 제한했다. 반면에 예수께서는 모든 사람의 생명을 구하시려고 치료를 허용하신 것으로 보인다. 그럼에도 불구하고 여기서 랍비들이 안식일에 치료하는 것을 정당화하기 위해서 정확히 같은 주장을 펼친다는 사실은 변함이 없다. 이는 사람들의 지복을 위해 안식일이 사람(이스라엘)에게 주어진 것이지, 사람이 안식일에게 주어진 것이 아니라고 말씀하신 예수님의 주장과 같다. 내 요지는 랍비들(Shemesh의 기록을 보라)보다 예수께서 도덕적으로 더 우월한 위치에 있음을 부정하는 것이 아니다. 흔히 이해되듯이 극과 극 정반대의 종교적 접근이라 이해되는, 둘〔유대교와 기독교〕 사이의 절대적인 구별과 차이에 이의를 제기하고자 하는 것이다. 흔히 한쪽은 엄격하고 무자비하며 율법주의적이라 하고, 다른 쪽은 사람을 위하는 사랑의 종교라 하지 않는가. Hultgren이 경멸적으로 사용하는 "결의법"은 그의 진짜 속내를 드러낼 뿐이다. Hultgren의 주장보다 훨씬 더 무례한 주장을 한 이는 E. Lohse이다. 그는 "안식일은 사람을 위해 만들어진 것이다"는 유대교가 주장하는 바와 다르기 때문에 예수께서 한 진짜 말씀이 맞다고 했다. 이는 "유대교"와 같지 않은 것만이 진짜 주의 말씀이라 할 수 있다는 매우 미심쩍은 기준을 따른 것이다. 또한 동일한 표현이 유대문헌(메킬타)에서 나타날 때는 "그 의미가 다르기" 때문에, 유대교와 같지 않고 진정한 주의 말씀이라 할 수 있다는 것이다. 논점을 교묘하게 피하는 예를 들어보라 한다면, 바로 이것이라 할 수 있다. 이러한 종류의 주장이 잘못된 것임엔 틀림없다. 심지어 오캄의 면도날마저도 역사적으로 관련된 두 텍스트 안에서 동일한 문맥, (거의) 동일한 표현이 발견된다면, 그 둘은 거의 같은 의미를 지닌다고 해야 함을 지적한 바 있다. 예수의 말씀과는 다르게(그리고 그보다 "나쁘게") 만들기 위

다니엘서에 따르면 그 사람의 아들은 모든 나라에 대한 지배권
을 부여받았다. 내가 신중하게 제안하고자 하는 것은 바로 이것
이 안식일의 확장(그리고 안식일에 치료하는 것)을 설명해 낸
다는 점이다. 우리는 마가복음 안의 이 본문에서 토라를 폐지하

해서, 랍비들이 말하는 본래 의미를 왜곡시키는 표현과, 이 표현을
'유대교'에 맞서는 주장으로 활용하는 것은 곧 반-유대주의의 모습
이라 할 수 있다. Lohse에 대해서는 다음의 자료를 살펴보자. Frans
Neirynck, "Jesus and the Sabbath: Some Observations on Mark II, 27,"
in *Jesus Aux Origines de la Christobgie*, ed. J. Dupont et. al., Bibliotheca
Ephemeridum Theologicarum Lovaniensium (Louvain: Leuven
University Press, 1975), 229-30. Neirynck은 분명 문제를 바로잡고 있
다. Neirynck, "Jesus and the Sabbath," 251-52. 하지만 그가 "양 편 모
두에서[복음서와 랍비들의 말씀], 우리는 다양한 해석들을 마주하게
된다"고 말한 것은 분명 틀린 지적이다. 유대교 역사 속에서 어떤 해
석가도 이러한 말씀을 본 적 없었을 뿐더러, 그 환경이 그렇게 보게
끔 하지도 않았다. 곧 결코 생명을 구하는 것이 안식일보다 우선한다
는 원리를 지지하지 않았다. 현대 신약학자들의 해석들은 선입견의
산물 그 이상도 이하도 아니다. 흔히 말하는 "탈무드 학계의 혼돈"은
적어도 이 경우에서는 순전히 상상의 산물이다. William Lnae은 훨씬
더 나은 해석가이다. 그에게 있어 예수의 말씀과 랍비들의 말씀 사이
의 유사성은 그것이 예수로부터 기인한 것이란 증거로 받아들여진다
(William L. Lane, *The Gospel According to Mark: The English Text with
Introduction, Exposition, and Notes*, New International Commentary on
the New Testament [Grand Rapids, MI: William B. Eerdmans, 1974],
119-20). Joel Marcus 같은 보다 최근의 학자들은 대체로 이러한 경
향을 띤다. Joel Marcus, *Mark 1-8: A New Translation with Introduction
and Commentary* (New York: Doubleday, 2000), 245-46. Collins, *Mark:
A Commentary*, 203-4. 이들은 이 문제를 바로 잡는다.

는 것이 아니라 오히려 성취하고 계신 예수를 발견한다.

복음서들은 후대 랍비문헌에 나타나는 논쟁들과 주제들이 아주 오래된 것임을 증언한다. 랍비들이 실제로 복음서들을 읽었다고 믿을 만한 근거가 희박하기 때문에, 우리는 이 논쟁들에 대한 독립적인 증언들이 있었다고 봐야 한다. 다윗이 토라를 어긴 것에서 비롯된 논쟁, 안식일은 사람을 위해 생긴 것이란 주장에서 비롯된 논쟁, 그리고 성전에서의 예배가 안식일에 허용된 위반이라는 데에서 비롯된 논쟁(마가복음이 아니라 마태복음에서 발견된다)은 모두 안식일에 생명을 살리는 일(당연히 굶주림으로부터의 구원도 포함한다)을 정당화하기 위하여 랍비문헌으로 옮겨지게 된다. 여기에는 한 가지 중요한 조건이 붙었는데 곧 '안식일에 치료가 반드시 필요한 경우에만, 다시 말해 치료를 받지 못하면 생명이 위협받는 경우에만'이라는 조건이 붙었다. 이러한 연속성이 우연히 나타날 리는 없다. 안식일에 치료를 허용하는 것에 대한 논쟁의 아주 초기 버전이 이 본문에서 발견될 수 있다.[42] 우리가 이 정도 해석 수준에만 머문다면, 딱히 급진적이지도 않고, 심지어 기이한 '랍비' 예수 즉, 바리새인으로 식별되는 엄격한 자들에 맞서 싸우시는 '랍비' 예

---

42. Menahem Kister, "Plucking on the Sabbath and the Jewish-Christian Controversy" [Hebrew], *Jerusalem Studies in Jewish Thought* 3, no. 3 (1984): 349-66. 또한 다음을 보라. Shemesh, "Shabbat."

수를 발견하는 데 그칠 것이다. 그러나 이러한 접근 방식은 본
문의 많은 부분을 설명해내지 못한다. 이를테면 금지된 빵을 자
신도 먹고 일행들에게도 나눠 준 다윗에게서 비롯된 논쟁을 전
혀 설명해내지 못한다. 우리는 이제 이 본문의 장면을 신중하게
이해하는 것이, 어떻게 예수에 대한 마가신학(기독론)의 전혀
다른 차원을 드러내는지 곧 보게 될 것이다.[43]

---

43. John P. Meier는 다음과 같이 기록한 바 있다. "확실히 이 갈릴리 무
    리의 논쟁적인 이야기는 기독교 신학자에 의해 쓰여져 문학적인 예
    술과 기교가 복잡하게 뒤얽힌 부분이다. 이는 예수를 숨겨졌으나 실
    은 권한을 가진 메시아, 사람의 아들, 하나님의 아들로 그려내려는
    큰 계획을 개진시키려는 목적을 가졌다. 관련된 다섯 가지 이야기들
    중에서 네 번째 곧 안식일에 이삭을 잡아챈 이야기를 살펴보고자 할
    때, 가장 마지막에 해야 할 일은 마치 비디오 테잎으로 주후 28년 다
    양한 팔레스타인 유대인들 사이에 벌어진 논쟁을 재생해서 보는 것
    처럼 살펴보는 것이다. 먼저 이것은 기독교 신학을 진척시키는 기독
    교인의 작품이라 할 수 있다. 또한 역사 속 예수와 바리새인들의 실
    제 다툼에 대한 기억을 어느 정도는 보존한다고 볼 수 있기 때문에
    우리 앞에 놓인 이 기독교 텍스트를 분석함으로써 우리는 이해의 폭
    을 넓힐 수 있다." Meier, "Plucking," 567. 나는 여기서 드러난 Meier
    의 방식에 완전히 동의한다. 이 텍스트는 단순히 할라카 논쟁에 대
    한 기록만을 보게 하지 않는다(텍스트가 이것을 보게끔 해준다는 사
    실 또한 엄청나게 중요하긴 하지만). Meier와 내가 다른 지점은, 그가
    "다양한 팔레스타인 유대인들"과 반대되는 용어로 "기독교인"이란
    단어를 동원했다는 것 뿐이다. 지금까지 나는 할라카 논쟁과, 그것이
    묵시적으로 급진성을 띠게 된 부분이 모두 동일한 팔레스타인 유대
    인 환경에서 나온 것이란 입장을 고수해왔고, 이제 그 입장에 근거한
    해석을 제시하고자 한다.

　요컨대 내가 주장하는 바는 치료를 위한 안식일 위반은 허용(지금은 받아들여진 관습)하는 쪽의 논의 위에 여러 주장들이 덧씌워지고, 또 다윗의 행동과의 밀접한 관련 속에서 제시되는 더 묵시적인 시각으로 인해 급진화가 진행되었다는 것이다. 다윗의 이야기 자체는 어느 쪽으로도 진행될 수 있다. 랍비들이 생명을 구하고자 할 때 나타나는 율법의 위반들을 정당화하면서, 다윗의 굶주림, 곧 생명을 살리는 측면의 이야기를 강조한 것처럼(팔레스타인 탈무드 요마 8:7, 45:b), 마태복음 역시도 그런 식의 진행을 실현했다. 반대로, 그 이야기를 메시아의 특별한 권한에 대한 것으로 이해한 마가복음은 자신의 방향대로 밀어부쳤다. 이런 까닭에, 마태복음(그리고 누가복음)에서 마가복음 27절이 빠진 이유는, 마가의 메시아 신학이 이후 복음서 저자들에겐 지나치게 급진적인 것이었기 때문이다.

　내가 방금 논의한 것처럼, 이러한 절들의 배치가 가진 문제들은 마가복음 2:10에 뒤따르는 문맥을 신중하게 살핌으로 가장 매끄럽게 해결될 수 있다고 생각한다. 예수(마가의 예수, 혹은 이 본문의 예수)께서 다니엘 7:14에 기대어 스스로를 "엑수시아"(ἐξουσία: '권세')를 가진 그 사람의 아들로 선언하신다면, 그분께서 또한 안식일에 대한 통치권도 주장하시는 것이라 보는 것은 전적으로 설득력이 있다. 성경의 다양한 전례들과 논증들을 통해 안식일에 치료가 허용된다는 논쟁적인 개념을, 예수께서는 더 확장시켜 훨씬 더 급진적인 주장을 펼치신다. 그것은 곧 안식일에 생명이 위험한 병자를 치료하는 것을 토라가 허용할 뿐만 아니라, 메시아 곧 그 사람의 아들은 안식일 법을 어떻게 해석하고 또 얼마나 더 확장할 수 있는지를 결정할 수 있는 권한을 부여받았다는 것이다. 이는 자신의 부하들(minions)을 먹이려고 율법을 어긴 인물이 바로 다윗이라는 사실에서 기인한 것이라 제안하고 싶다. 따라서 예수—새로운 다윗이자 그 사람의 아들—께서도 자신의 제자들(minyan)을 먹이기 위해 그렇게 하실 수 있었다.[44] 핵심은—일부 해석가들이 말하듯이—다윗이

---

44. 다윗의 행동이 안식일에 일어난 것이 아니란 사실은 전혀 관련이 없다. Meier, "Plucking," 576-77, Collins, *Mark: A Commentary,* 203. 나는 Meier의 견해에 일부 동의하지 않으며, 예수께서 대제사장의 이름으로 아히멜렉을 대신하여 아비아달이라 잘못 언급하신 것은 오히려 성경 텍스트와 친숙함을 암시하는 것이지 무지함을 의미하는 것이 아님을 주장할 것이다. 이는 오히려 그 시기의 역사성을 입증하는 것이다. 어떤 텍스트에 아주 친숙한 누군가가 기억으로 그것을 인용할 때는 쉽게 그런 실수를 할 수 있지만, 작가의 경우는 거의 실수가 없다. 따라서 나는 다음과 같은 문장 속 모든 요점에 동의하지 않는다. "우리가 이 오류와, 예수의 부정확한 구약 인용의 또 다른 사례들 모두에서 끌어내야 할 결론은 단순하고 명확하다. 다윗과 아히멜렉의 사건을 이야기하는 것은 곧 구약 텍스트가 실제 말한 것에 대한 심한 무지와, 그로부터 설득력 있는 주장을 만들어내지 못하는 현저한 무능력을 보여주는 것이다" Meier, "Plucking," 578. 나는 내가 Meier가 말한 "보수적인 학자들" 범주에 들어간다고 생각하지 않는다. 만일 Meier가 내 해석을 받아들인다면, 그가 25-27절의 저자(혹은 삽입한

율법을 어겼고 하나님께서 문제삼지 않으셨으니, 율법은 이제 효력이 없고 누구나 율법을 어길 수 있다는 것이 결코 아니다. 오히려 메시아를 예표하는 다윗은 율법의 일부를 제쳐놓을 수 있는 권한을 누렸고 새로운 다윗이자 메시아이신 예수께서도 기꺼이 그렇게 하셨다는 것이다. 이것은 율법이나 혹은 바리새파의 율법주의에 대한 공격이 아니라, 새로운 주 곧 그 사람의 아들이 율법 위에 세워져 역사상 새로운 국면에 접어들었다는 묵시적인 선언이다.

"사람의 아들"이란 어구가 사용되는 모든 곳에 내포된 다니엘서에 대한 암시에 주목함으로써, 우리는 그러한 모든 상황에서 마가의 예수는—마가복음 2:10에서처럼—다니엘서의 그 사람의 아들에게 위임된 권세에 근거하여 정확히 그것과 같은 종류의 주장을 펼치고 계시다는 것을 알 수 있다.[45] 이것은 〔마가복

이)는 성경에 정통한 자였다는 Haenchen의 주장을 보고 경악한 것이 다소 누그러질 것이다. Meier, "Plucking," 579n35. 여기서 그는 다음의 자료를 인용한다. Ernst Haenchen, Der Weg Jesu. *Eine Erklärung Des Markus-Evangeliums und der Kanonischen Parallelen, Sammlung Töpelmann*, vol. 6. (Berlin: Topelmann, 1966), 121. 다윗으로부터 그 사람의 아들로 직접 이동하는 것이 메시아로서 평행 관계를 강하게 암시한다는 점에서, 나는 누가의 버전이 내 해석을 지지한다고 생각한다(눅 6:4-5). 누가복음에 대한 이러한 해석은 다음을 보라. Neirynck, "Jesus and the Sabbath," 230.

45. 참조, 이와 유사하지만 미묘하게 다른 Collins의 결론을 보라. Collins,

음 2장) 27-28절 배치 문제에 대한 해결책을 제안해준다. 한 가지 가능한 반대는 안식일이 "하늘 아래"에서가 아니라, 하늘에서 적용되며, 따라서 옛적부터 항상 계신 분으로부터 사람의 아들 같은 이에게로 권세가 이양되는 것이 가능하지 않을 수 있다는 것이다. 이 반대에 대해서는 '안식일은 사람을 위해 생긴 것이며, 따라서 인간 영역에 대한 권세를 부여 받은 그 사람의 아들은 안식일의 주인이다'라는 진술로 완전히 반박할 수 있다.[46] 이것은 실제로 '그 사람의 아들이 안식일의 주인이다'라는 주장에 반드시 필요한 부분이다. 왜냐하면 만일 안식일이 (누군가 창세기 1장을 토대로 주장할 수 있는 것처럼) 하늘에 해당하는 것이라면, 오직 땅에 대한 통치권을 가진 그 사람의 아들이 그 규정을 폐지할 수도 있다는 식의 주장은 매우 미약해질 수밖에 없기 때문이다. 나는 27절과 28절의 연결에 대한 이러한 설명이, "안식일은 사람을 위해 생긴 것이다. 그러므로 네가 원하는 것은 무엇이든지 하라"와 같이 빈약한 인본주의적인 진술로 27절을 읽을 때 발생하는 많은 해석학적 난제들에 해답을

Mark: A Commentary, 205. 나에게 왕된 메시아는, 땅 위에서 신적 권세를 가진 신성의 담지자, 그 사람의 아들보다는 쟁점이 되지 못한다.

46. 이 해석은 27-28절 사이에 불합리한 추론을 없애준다. 특히 다음을 보라. Beare, "'The Sabbath Was Made for Man?'" 130.

주고 있다고 생각한다.[47] 나는 이와는 대조적으로, 생명을 지키
려고 안식일을 깨뜨리는 것을 정당화하기 위해 전통적으로 유
대인들이 말해왔던 것이, 마가의 예수의 수중에서 안식일을 폐
지하는 메시아에 대한 정당화가 되었다고 본다.[48] 나는 이러한
해석이 본문에서 드러나는 해석상의 주요한 두 문제점을 해결
하는 장점을 가지고 있다고 생각한다. 두 문제점이란 곧 예수의
두 대답의 통일성(두 대답 모두 그분의 메시아 신분을 가리킨
다)과 "그러므로 그 사람의 아들은 안식일에도 주인이다"에 담
긴 종속 관계를 말한다.[49]

　　방금 살펴본 예수의 말씀과 마가복음 7장에 담긴 할라카적
주장들은 너무도 잘 정리되어 있고 또 역사적으로도 충분히 입
증되었기에 결코 무시할 수 없다. 예수 혹은 마가는 자신의 방

---

47. 참조, Robert H. Gundry, *Mark: A Commentary on His Apology for the Cross* (Grand Rapids, MI: Eerdmans, 2004 [1993]), I: 144. 이 입장을 고
수하는 다른 저자들을 보려면 다음의 논의를 보라. Neirynck, "Jesus and the Sabbath," 237-38,

48. 내가 말할 수 있는 것은, 내 견해가 Eduard Schweizer와 가장 가깝다
는 것이다. Eduard Schweizer, *Das Evangelium Nach Markus* [Bible. 4, N.T. Mark. Commentaries], Das Neue Testament Deutsch (Gottingen: Vandenhoeck & Ruprecht, 1973), 39-40.

49. 이 명백한 두 문제점에 대해서는 다음을 보라. Marcus, *Mark 1-8,* 243-47.

식이 할라카적인 주장을 둘러싼 것임을 분명 알고 있었다.[50] 그러한 주장들은 그저 한낱 유물에 그치는 것이 아니라 사실상 1세기에 실제로 있었던 경쟁들을 보여주며, 또한 그 자체로 그러한 할라카 담론과 추론이 당시에 존재했었다는 귀중한 증거가 된다. 물론 당시 거기에 있던 모든 주장들이 지금 여기로 옮겨진 것은 아니다. 순전히 할라카적인 논쟁으로부터 나온 주장들이 복음서로 옮겨졌다는 것을 표시하는 두 가지 요소가 있다. 첫 번째 요소는, 두 경우 모두에서 예수께서는 도덕적인 읽기의 표시로, 곧 일종의 비유(7장에서 분명히 이렇게 불린다)로, 그러한 주장 자체와 할라카 자체를 사용하신다는 것이다. 흥미로운 두 번째 요소는 지금 이 땅에서 그 사람의 아들로서 예수의 통치권이 지닌 신-인 본성, 메시아적 특성을 나타내기 위해, 중풍병자 이야기 속에서 그 사람의 아들의 묵시적 요소가 소개되고 있다는 것이다. 다윗과의 비교는 매우 효과적이다. 이 비교는 다니엘 7:13-14의 구원자를 실제로 다윗의 후손, 메시아 왕으로 이해해야 한다고 요구한다. 따라서 나는 여기서 다윗 계열의 메시아와 그 사람의 아들 간의 동일화에 대한 분명한 증거

---

50. 이것이 출간되지 않은 Shemesh 글의 중요한 요점들 중 하나이다. 실제로 Shemesh는 예수의 할라카 주장들이 꽤 자주 후대 랍비들의 주장들보다 더 일관성이 있고 설득력 있다는 (적절하면서도) 대담한 주장을 펼친다. 하지만 그럼에도 불구하고 그 주장들은 여전히 할라카적이다.

를 목격한다. 분명히 이 동일화는 둘 사이에 실제 인간 계보로
서의 연결을 요구하지 않는다. 그 사람의 아들은 완전한 천상의
존재로서 인간이 되는 것이기 때문이다.[51] 복음서가 기록된 가
장 초기 시기 언저리에 살았던 고대 유대인들 중에는, 내가 예
수께서 다니엘 7장을 보신 방식이라 주장하는 대로 다니엘 7장
을 읽었던 유대인들도 있었다. 이러한 읽기 방식에 따르면, 그
사람의 아들이 안식일의 주인이라고 한 마가의 표현은 확실히
급진적이며 종말론적인 움직임이라 할 수 있다. 하지만 이 일이
더 넓은 이스라엘 공동체 밖에서, 심지어 유대인들 밖에서 이뤄
진 것은 아니다. 다니엘의 환상이 지금 그 사람의 아들이 육신
을 입은 예수라는 인간을 통해서 성취되고 있는 것이라면, 일부
급진적인 변화는 정확히 종말에 일어나리라 예상되었던 일이
라 할 수 있다. 현대 정치 이론가들에게 있어서 통치자는, 필요
하다고 사료될 때, 혹 적합하다고 판단될 때 법에 예외를 둘 수
있는 자이다. 그 사람의 아들이 통치권을 받은 것도 정확히 그

---

51. 참조, Beare, "'The Sabbath Was Made for Man?'" 134. 그러나 나는 다
    윗에 대한 언급은 메시아적인 암시로만 동원될 수 있었다는 그의 가
    정에는 동의하지 않는다. 우리는 랍비문헌의 매우 유사한 문맥에서
    즉, 생명이 위협받는 상황에서 토라를 위반하는 것에 대한 정당화 장
    면에서, 그러한 암시없이 사용되는 것을 보기 때문이다(심지어 목이
    아픈 정도의 가벼운 위협의 상황에서조차). 팔레스타인 탈무드 요마
    8:6, 45b.

러한 판단을 위해서이다. 그 통치권은, 다른 안식일 준수자들의 생명을 살리기 위해 안식일을 위반하는 유대인들에게 주어진 허용을 더욱 더 확장하는 것으로 표현되고 있다. 메시아 예수께서는 〔유대인들에게 제한되었던 허용 범위를〕 모든 인간에게로 확장하셨다. 이 종말론적인 움직임에 대해 많은 유대인들은 거부감을 표시했을 것이다. 이는 그들이 그 사람의 아들이 안식일의 주인임을 믿지 않았기 때문이 아니라, 예수께서 그 사람의 아들임을 믿지 않았기 때문이다.

나는 권세를 부여 받은 이 신적 존재가 다니엘 본문이 분명히 말하듯이 구원자 왕임을 주장하는 바이다.[52] 따라서 그는 다윗 계열 메시아와 동일화되기에 적합하다. 그 존재가 복음서 안에서뿐 아니라 동시대 비-기독교 유대문헌, 이를테면 『에녹서』, 『에스라4서』에도 나타나기 때문이다. 복음서 안에서 나타나는 "사람의 아들"의 용례는, "사람의 아들"이 그와 같은 식으로 사용되었음을 알게 해주는 고대 유대문헌들에서 나타나는 용례와 연결되어 있다(그리고 보다 중요한 것은 제2위 신 개념이 암시되어 있다는 것이다). 널리 알려진 유대교의 모습—보편적이라거나 경쟁이 없었다는 의미가 아니다—은 이미 예수 이전에 나타난 것이기 때문이다.

---

52. 이와 유사한 견해로는 다음을 보라. Collins, *Mark: A Commentary,* 185 n28.

제2장
『에녹1서』와『에스라4서』의 그 사람의 아들: 1세기 다른 유대 메시아들

예수의 사람들만이 홀로 유대적인 배경 위에 나타나는 것은 아니다. 다른 유대인들도 신적 지위를 얻고 하나님 옆에 앉는—심지어 신의 보좌 곧 하나님의 자리에 앉는—다양한 인간 존재들을 상상해왔다. 다니엘서의 시기 어간에, 알렉산드리아 출신 유대인 비극작가 에제키엘은 다음과 같이 기록한 바 있다.

나는〔모세〕시내산 꼭대기에서 위대한 보좌의 환상을 보았는데, 그것은 하늘이 주름진 곳까지 닿아있었다. 한 고귀한 분이 왼손에 큰 홀〔septre〕을 들고 왕관을 쓴 채 그 보좌에 앉아계셨다. 그분이 오른손으로 손짓하여 나를 부르시기에, 나는 다가가 그 보좌 앞에 섰다. 그분은 나에게 홀을 주시며 그 위대한 보좌에 앉으라고 말씀하셨다. 그리고 나서 그분은 왕관을 나에게 주시며 그 보좌에서

일어나셨다.[1]

여기서 우리는 신의 보좌에 대한 중요한 이미지를 얻게 되
는데, 곧 두 번째 인물이 옛적부터 항상 계신 분과 나란히 심지
어 그분을 대신해서 보좌에 앉는 모습을 보게 된다. 제2성전기
유대교 배경 안에서, "만일 우리가 하나님의 보좌에 앉았지만
하나님과는 구별되는 인물을 발견한다면, 우리는 그것을 독특
한 신적 정체성을 가진 인물을 포용하는 유대교의 가장 강력한
신학적 상징 수단들 중 하나로 이해해야 한다."[2] 이러한 원리에
따라 이 텍스트를 보면, 우리는 모세가 하나님이 된 것을 발견
할 수 있다. 이러한 생각은 심지어 예수께서 등장하시기 훨씬
이전에 살았던 유대인들에게서조차 나올 수 있었다. 만약 모세
가 유대인의 종교적 상상의 한 버전에서 하나님이 될 수 있었

---

1.   Howard Jacobson, *The Exagoge of Ezekiel* (Cambridge: Cambridge
      University Press, 1983), 55.

2.   Richard Bauckham, "The Throne of God and the Worship of Jesus,"
      in *The Jewish Roots of Christological Monotheism: Papers from the
      St. Andrews Conference on the Historical Origins of the Worship of
      Jesus*, ed. Carey C. Newman, Supplements to the Journal for the Study
      of Judaism (Boston: Brill, 1999), 53. 또한 다음을 보라. Charles
      A. Gieschen, *Angelomorphic Christology: Antecedents and Early
      Evidence*, Arbeiten Zur Geschichte Des Antiken Judentums und Des
      Urchristentums (Leiden: Brill, 1998), 93-94.

다면, 〔다른 버전에서〕 예수라고 왜 안 되겠는가?

예수와 동시대에 살았던 유대인들은 인간이면서 신이기도 한 메시아, 그 사람의 아들을 기다리고 있었는데, 그들은 다니엘 7장으로부터 그러한 개념을 끌어내었다. 그리스도에 관한 거의 모든 이야기—분명 중요한 차이점들이 나타나긴 하지만—는 심지어 예수에 관해서 알지도 못했던 일부 유대인들의 종교적인 개념 가운데서도 발견된다. 예수께서는 자신을 따르는 자들을 위하여 그리스도에 대한 생각들을 성취하셨다. 그리스도는 예수의 삶과 죽음을 설명하기 위해 만들어진 것이 아니었다. 그 사람의 아들에 관한 이야기(이후 기독론이라 불리게 되는 이야기)들은, 예수께서 오시기 이전부터 이미 유대인들 가운데 퍼져 있었다. 즉 예수께서는 당신이 태어나기 이전부터 이미 존재했던 역할 속으로 들어가신 것이다. 이것이 바로 수많은 유대인들이 그분을 그리스도로, 메시아로, 사람의 아들로서 받아들일 수 있었던 이유이다. 이러한 방식으로 맥락을 살피는 것은 그간의 학자들의 전통, 다시 말해 '먼저 예수께서 오셨고 그러한 사실 이후에 기독론이 만들어졌는데, 이는 곧 그분의 놀라운 생애를 설명하기 위함이다'라고 보는 전통과는 상당히 대조적이라 할 수 있다. 이 역할에 대한 묘사—신이 되는, 사람의 아들로 불리게 되는, 유대인들과 세계의 통치자이자 구원자가 되는 그리스도—가 이미 그전부터 있었고, 예수께서는 그것들을 충족시키셨다(혹 충족시키지 못하셨다고 하는 유대인들도 있다). 이 역할에 대한 묘사는 예수께 꿰맞추기 위해 꾸며놓은 것이 결코 아니었다!

그리스도 개념을 둘러싼 초기 역사의 이러한 측면을 이해하는 데 있어서 가장 흥미를 끄는 문헌이 하나 있다면, 그것은 바로 「에녹의 비유」(*Similitudes of Enoch*)로 알려진 책일 것이다. (복음서들 중 가장 이른 시기의 것과 거의 같은 시기에 만들어진 것으로 보이는) 이 놀라운 문헌은 그 사람의 아들—고양된 인간으로 구현된 신적 존재—로 알려진 구원자를 기대했던 또 다른 팔레스타인 유대인들이 있었다는 것을 보여준다. 이 문헌은 어떤 면에서도 직접적으로 복음서들과 연결되지 않기 때문에, 예수께서 활동하셨던 유대인 그룹들 말고도 당시 팔레스타인 유대인들 가운데 이러한 종교적 개념이 존재했다는 것을 드러내는 독립된 증거라 볼 수 있다.

「에녹의 비유」

『에녹서』는 에티오피아 정교회 성경의 핵심적인 부분이지만, 유대인, 가톨릭, 정교회, 개신교 할 것 없이 서구에서 사용하는 성경에는 들어있지 않다. 『에녹서』는 하위 다섯 책으로 나뉘는데, 곧 「감시자들의 책」(*the Book of the Watchers*), 「에녹의 비유」(*the Similitudes of Enoch*), 「천문학의 책」(*the Astronomical Book*), 「짐승

묵시록」〔the Animal Apocalypse〕, 「에녹의 편지」〔the Epistle of Enoch〕이
다. 이 책들은 모두 노아 대홍수 이전에 에녹에 의해서 기록되
었다고 주장하는 별개의 〔위서〕작품들이며, 〔각 작품들은〕 아마도
주후 1세기 후반 어느 시점에 모이게 된 것 같다. 이들의 단편
들은 「에녹의 비유」를 제외하고는 쿰란(사해문서)에서 발견되
었으며, 다양한 그리스어 자료도 가지고 있다. 오늘날에는 「감
시자들의 책」이 『에녹서』들 중에서 가장 오래되었다(주전 3세
기)는 견해로 거의 일치되고 있다. 그리고 지금 우리의 관심사
인 「에녹의 비유」의 경우엔 가장 늦게, 대략 주후 1세기 후반에
만들어진 것으로 추정된다. 이 작품들은 모두 고대 현인〔sage〕
에녹에게 보였거나 나타난 환상들로 표현되고 있다. 따라서 문
헌 전체는 묵시록이나 계시록이라 할 수 있으며, 다니엘서 혹은
신약성경의 계시록과도 비슷하다.

「에녹의 비유」와 복음서들

　「에녹의 비유」를 기록한 주후 1세기[3] 유대 저자는 마침내

3.　「에녹의 비유」가 이보다 더 이전에 지어진 것이라는 과거의 입장을 보
　　려면 다음을 보라. Matthew Black, "The Eschatology of the Similitudes
　　of Enoch," *Journal of Theological Studies* 3 (1953): 1. 일반적으로 인정
　　되는 보다 최신의 입장을 보려면 다음을 보라. Gabriele Boccaccini,
　　ed., Jason von Ehrenkrook, assoc. ed., *Enoch and the Messiah Son of
　　Man: Revisiting the Book of Parables* (Grand Rapids, MI: William B.

에녹이라는 인물로 육화된(incarnated) 독특한 신-인간 구원자를 가리키기 위하여 "사람의 아들"이란 용어를 광범위하게 사용하고 있다. 이처럼 그리스도 이야기를 구성하는 많은 요소들이 이곳에 나타나고 있다.[4] 에녹이 말하는 "사람의 아들"은 다니엘서의 "사람의 아들 같은 이" 전승으로부터 나온 것이다.[5] 「에녹의 비유」 46장에서, 우리는 다음과 같이 환상을 말해주는 에녹을 보게 된다.

거기에서 나는 고령의 머리(head of days)를 가진 분을 보았다. 그의 머리는 흰 양털과 같았다.[6] 그분과 함께 또 다른 이가 있었는데, 그

Eerdmans, 2007), 415-98. David Suter, "Enoch in Sheol: Updating the Dating of the Parables of Enoch," 415-33.

4. "분명히 우리는 그 사람의 아들 전통 안에서 인간 메시아와, 하늘의 혹은 천사인 구원자 사이의 경계선이 흐려지는 것을 보게 된다." Adela Yarbro Collins and John J. Collins, *King and Messiah as Son of God: Divine, Human, and Angelic Messianic Figures in Biblical and Related Literature* (Grand Rapids, MI: W.B. Eerdmans, 2008). 이것이 「에녹의 비유」에 대해 Collins 부부가 말하는 바이다.

5. George W. E. Nickelsburg and James C. VanderKam, trans, and eds., *I Enoch: A New Translation* (Minneapolis: Fortress Press, 2004), 59-60.

6. עתיק יומין, "옛적부터 항상 계신 분"(Ancient of Days)이 어떻게 "고령의 머리"(head of Days)로 이어지게 되었는지는 불분명하다. 하지만 현 사안에 있어서 이것은 중요하지 않다. 이 문제에 대한 다른 해결책들을 보려면 다음을 보라. Matthew Black, James C. VanderKam and Otto Neugebauer, *The Book of Enoch, or Enoch: A New English*

얼굴이 사람의 모습과 같았고 거룩한 천사들 중 하나처럼 자비로 가득 차 있었다. 나는 나와 동행하며 나에게 그 사람의 아들에 관한 숨겨진 모든 비밀을 보여준 화평의 천사에게 물었다—그가 누구이며 어디서 왔는지, 또 왜 고령의 머리와 함께 동행하는지. 그러자 그는 내게 대답하며 말했다. "이는 의(righteousness)를 가진 그 사람의 아들이며 …."

에녹 문헌에도 다니엘서와 거의 똑같은 표현으로 두 신적 존재가 나타난다. 곧 늙은 존재와, 사람의 모습을 가진 이—즉 "사람의 아들" 같은 이, 혹은 옛적부터 항상 계신 분(the Ancient One)과 대조되는 젊은 인물—가 언급된다. 에녹이 "고령의 머리"가 누구인지를 정확히 알고 있다는 점은 분명하다. 하지만 그도 사람의 아들이 누구인지는 궁금해한다. 여기에 극적인 아이러니가 있다. 에녹은 사람의 아들이 누구인지는 몰랐지만, 우리는 다니엘서에서 눈 같이 흰 수염의 옛적부터 항상 계신 분 그리고 두 보좌와 함께 등장하는 이를 알고 있다. 아래에서 보게 되겠지만, 「에녹의 비유」가 후반부에 이르면서, 에녹은 마치 복음서 안의 예수와 같이 결국 사람의 아들이 된다.

Translation with Commentary and Textual Notes. With an Appendix on the "Astronomical" Chapters (72-82), SVTP (Leiden: EJ. Brill, 1985), 192.

「에녹의 비유」는 다니엘서 읽기를 통하여 '신-인간 구원자로서 그 사람의 아들'이란 개념이 예수 시대에 이미 존재했다는 가장 확실한 증거를 제공한다. 그 중에서도 46장은 실제로 그러한 읽기 과정에 대한 흥미로운 설명을 제시한다. 여기서 우리는 「에녹의 비유」 안에서 다니엘서가 새로운 '신화'를 만드는 일에 어떻게 사용되고 있는지 확인할 수 있다. 일부 유대인들에게 메시아 신화는 틀림없이 그와 같은 방식으로 만들어졌을 것이다. 우리가 이 사례(「에녹의 비유」)에서 보게 되는 해석 과정은, 이후에 미드라쉬로 알려지게 되는 유대인들의 성경해석의 초기 형태라 할 수 있다.[7]* 하지만 놀랍게도 에녹서의 천사는 다

---

7.   이 장(chapter)이 다니엘 7:13-14에 대한 미드라쉬로 구성되었다는 주장에 대한 주된 주해 작업은 Lars Hartman에 의해 이루어졌다. 그는 얼마나 많은 성경 구절들과 반향들이 이 장에 들어있는지를 신중하게 보여준다. Lars Hartman, *Prophecy Interrupted: The Formation of Some Jewish Apocalyptic Texts and of the Eschatological Discourse Mark 13*, Conjectanea Biblica (Stockholm: Almqvist and Wiksell, 1966), 118-26. 이 부분과 다음 단락에 대한 내 논지는 그의 자료를 의존한 것이다. 따라서 나는 다른 특정한 참고문헌들은 언급하지 않을 것이다. 어쨌든 나는 그의 상세하고 인상적인 주장을 잘 요약해내었다.

*   문헌 전체가 미드라쉬로 기록되었을 수도 있지만, 현재 우리의 목적을 위해서는 그저 새로운 이야기를 설명하는 과정에서 서로 다른 본문들과 구절들을 모아들이는 성경 읽기 방식 정도로만 보는 것으로도 충분할 것이다. 이것은 마치 철자의 위치를 바꾸는 옛날 게임과도 같다. 이 게임에 참가하는 사람들은 단어나 문장을 보고 그 철자들로부터 새로운 단어나 문장을 만들어 내었다. 미드라쉬 읽기 방식을 만

니엘서의 천사와 대조된다. 다니엘서의 천사는 그 사람의 아들을 이스라엘의 거룩한 자들(마카비 가문의 순교자들)에 대한 상징으로 설명하는 반면에, 에녹의 천사는 그 사람의 아들을 의로운 신적 존재로 설명한다. 우리가 본서의 제1장에서 살펴봤듯이, 이것이 환상의 본래 의미, 다시 말해 천사가 그 사람의 아들을 알레고리적으로 해석하게 함으로써 다니엘서의 저자/편집자가 감추고자 했던 본래 의미였던 것으로 보인다. 이것으로부터 우리가 배울 수 있는 것은 복음서들이 쓰이기 훨씬 이전부터 사람의 아들에 관하여 이미 유대인들 사이에서 논쟁이 있었다는 점이다. 따라서 어떤 유대인들은 신적 메시아 개념을 받아들였고, 또 어떤 유대인들을 받아들이지 않았을 것이다. 「에녹의 비유」는 신-인간으로서의 사람의 아들에 대한 해석 전통, 곧 예수 운동에까지 영향을 미친 전통에 대한 증거라 할 수 있다. 이러한 신앙의 차이가 불과 수세기 만에, 두 종교 사이의 차이를 나타내는 표준과 표지가 되었다.

들어 낸 랍비들은 성경을 하나의 거대한 의미 체계로 여겼다. 따라서 어떤 부분이라도 다른 부분을 주석하거나 보충하는 데 사용될 수 있었다. 따라서 그들은 일종의 확장된 철자 바꾸기 작업을 통하여, (성경 자체의) 더 오래된 이야기 단편들로부터 새로운 이야기를 만들어낼 수 있었다. 이 새로운 이야기는 〔기존〕 성경 이야기들에 긴밀히 의존하면서도 확장 혹은 수정의 작업을 거쳤으며, 이후에는 그 이야기들과 동등하게 여겨졌다.

사람의 아들에 대한 생각과 기대는 제2성전기 말에 이르러,
널리 받아들여지는 유대인의 신앙 표현이 되었던 것으로 보인
다. 「에녹의 비유」는 어떤 고립된 분파의 산물이 아니라, 더 보
편적인 유대인의 사고 체계와 저술의 일부였던 것으로 보인다.[8]
많은 유대인들이 예수가 그 기대에 꼭 들어맞는다고 생각하지
는 않았다 하더라도(그리고 팔레스타인 밖에 사는 많은 유대인
들은 적어도 그에 대해 들어보지도 못했다), 예수의 신-인간 메
시아 신분은 분명 유대인들이 요청해왔던 것이었다.

『에녹서』에서 이 존재는 제2위의 혹은 젊은 신이자 하나님
의 일부이며, 또 심지어 (우리가 성부 하나님으로 생각하기 시
작한) 옛적부터 항상 계신 분 곁에 있는 아들로 여겨지기도 한
다. 메시아에 대한 묘사가 다른 곳에서도 나타나기는 하지만,
예수에 관한 복음서의 개념들과 가장 유사함이 드러나는 곳은
바로 「에녹의 비유」 48장에서이다. 다음에 나오는 내용은 흥미
로운 그 전체 본문이다.

[1] 나는 그곳에서 끝이 없는 의의 샘을 보았는데, 많은 지혜의 샘

---

8.   Pierluigi Piovanelli, "'A Testimony for the Kings and Mighty Who
      Possess the Earth': The Thirst for Justice and Peace in the Parables of
      Enoch," in *Enoch and the Messiah Son of Man: Revisiting the Book of
      Parables*, ed. Gabriele Boccaccini (Grand Rapids, MI: Eerdmans, 2007).

들이 그것을 둘러싸고 있었다. 목마른 자들은 모두 지혜의 샘들에서 마시므로 지혜가 충족되고 의로운 자들과 거룩한 자들과 택함을 받은 자들과 처소를 함께 하고 있었다. [2] 그 때 그 사람의 아들이 영혼들의 주(the Lord of Spirits)의 임재 가운데 불려지고, 그의 이름이 고령의 머리(the Head of Days) 앞에 있었다. [3] 심지어 태양과 성좌(별자리)들이 창조되기도 전에, 하늘의 별들이 만들어지기도 전에, 그의 이름이 영혼들의 주 앞에서 불렸다. [4] 그는 의로운 자들을 위한 지팡이가 될 것이며, 그들은 그를 의지하여 넘어지지 않을 것이다. 또한 그는 나라들의 빛이 될 것이며, 그 마음이 슬픈 자들에게 소망이 될 것이다. [5] 땅에 사는 모든 자들은 그 앞에 엎드려 경배할 것이고 또 그들은 영혼들의 주 이름을 찬양하고 축언하며 영화롭게 할 것이다. [6] 이러한 이유로 그는 세계가 창조되기 이전부터 영원토록, 그분의(영혼들의 주) 임재 가운데 택함을 받고 숨겨져 있었다. [7] 영혼들의 주의 지혜가 거룩한 자들과 의로운 자들에게 그분의 모습을 드러냈다. 그분이 의로운 자들의 몫을 지켜주셨고, 그들은 이 불의의 시대 곧 그들이 영혼들의 주의 이름으로 미워했던 모든 일과 길을 미워하고 경멸하였다. 그들은 그분의 이름으로 구원받으며, 그분은 그들의 삶을 신원해 주시는 분이시다. [8] 그 때에 땅의 왕들과 땅을 가진 힘센 자들은, 그들의 손으로 한 행위들로 인하여 얼굴을 들지 못할 것이다. 환난과 고난의 그 날에 자신들을 구하지 못할 것이기 때문이다. [9]

그리고 나의 택함을 받은 자들의 손에, 내가 그들을 내던질 것이다. 불속에 지푸라기처럼, 물속에 추(lead)처럼, 그들은 거룩한 자들의 얼굴 앞에서 불에 타게 될 것이고, 의로운 자들의 얼굴 앞에서 가라앉게 될 것이며 그로 인해 그들의 어떤 흔적도 찾아 볼 수 없게 될 것이다. [10] 그들이 고난을 겪는 날에 땅에는 안식이 있을 것이다. 그들은 그 앞에서 넘어져 일어나지 못할 것이며, 손을 내밀어 그들을 잡아주고 일으켜 줄 사람이 아무도 없을 것이다. 그들은 영혼들의 주와 그분의 기름 부음 받은 자(Anointed One)를 부정했기 때문이다. 영혼들의 주의 이름으로 찬양받으소서. (「에녹의 비유」 48:1-10).[9]

이 아름다운 종교적 운문 작품은, 사람의 아들의 본질적인 유대성(Jewishness)을 드러낼 뿐만 아니라 복음서의 기독론을 밝혀주는 절대적으로 중요한 텍스트라 할 수 있다. 첫째로, 우리는 여기서 사람의 아들의 선재성 교리를 발견할 수 있다. 그는 심지어 우주가 존재하기도 전에 이름이 불리고 있다. 둘째로, 사람의 아들은 땅에서 경배를 받을 것이다. "땅에 사는 모든 자들은 그 앞에 엎드려 경배할 것이고 또 그들은 영혼들의 주 이름을 찬양하고 축언하며 영화롭게 할 것이다"(48:5). 셋째로,

---

9.   Nickelsburg and VanderKam, *I Enoch: A New Translation*, 61-63.

아마도 가장 중요한 점은 10절에서 그가 기름 부음 받은 자—이것은 정확히 메시아(히브리어 **마쉬아흐**〔*mashiah*〕) 혹은 그리스도 (그리스어 **크리스토스**〔*Christos*〕)를 가리킨다—로 불린다는 것이다. 따라서 예수를 통해 확인되는 그리스도에 관한 많은 종교적인 개념들이 이미 유대교 안에 존재했다는 것과, 이 유대교로부터 에녹 그룹과 예수를 둘러싼 그룹들이 나타났다는 것은 아주 분명해 보인다.

이와 동일하게 흥미로운 계시가 「에녹의 비유」 69장에 나오는데, 여기서 우리는 최후 심판에 관한 내용을 보게 된다.

[26] 그 사람의 아들의 이름이 그들에게 계시되었기에, 그들은 큰 기쁨으로 찬양하고 영광을 돌리며 찬미했다. [27] 그가 그 영광의 보좌에 앉았고, 모든 심판〔하는 권한〕이 그 사람의 아들에게 주어졌다. 그는 죄인들을 땅의 표면에서 없애고 사라지게 만들 것이다. [28] 이 세상을 미혹한 자들은 사슬에 묶여 멸망의 집합소에 갇히게 될 것이다. 또한 그들의 모든 행위들은 땅의 운행에서 없어질 것이다. [29] 그 때부터는 부패한 것이 아무 것도 없을 것이다. 그 사람의 아들이 나타나 그의 영광의 보좌에 앉으며, 모든 악이 그의 임재로 없어질 것이기 때문이다. 그 사람의 아들의 말씀이 나아갈 것이며 영혼들의 주의 임재 앞에 만연할 것이다. (「에녹의 비

유」69:26-29).[10]

여기서 그 사람의 아들은 아마도 옛적부터 항상 계신 분의 오른편에 있는 영광의 보좌를 차지하게 된 것이 확실해 보인다. 그 사람의 아들이 사실상 하나님의 두 번째 위격이라는 결론을 피하기 어렵다. 그리고 우리가 살펴본 것처럼 다니엘 7장의 "사람의 아들 같은 이"라 불리는 신적 존재에게 부여된 모든 역할들은, 그리스도라 불리는 사람의 아들에게 주어지게 된다.

그리고 에녹은 하나님과 함께 있었다: 에녹의 신격화

그리스도 교리에 있어서 가장 놀라운 측면들 중 하나는 바로, 하나님과 인간이 한 존재로 결합(combination)된다는 점이다. 하지만 이런 급진적인 개념조차 예수를 따르는 유대인들 사이에선 그다지 특별한 것은 아니었다. 우리는 이러한 개념을 또한 「에녹의 비유」에서도 발견할 수 있다. 「에녹의 비유」 본론에서는, 에녹은 분명 그 사람의 아들이 아니다. 46장 이후 그리고 본론을 통틀어 이 점은 단연코 사실이다. 에녹은 그 사람의 아들을 보고 있고, 또 에녹에게 종말론적 구원자이자 메시아인 그 사람의 아들에 대한 설명이 주어지고 있다. 따라서 에녹이 그

---

10. Ibid., 91-92.

사람의 아들과 동일시될 수는 없다.[11] 하지만 마침내 70장과 71
장에 이르면, 에녹이 곧 그 사람의 아들이 된다—하나님이 된
다.[12]

70-71장에서 우리는 놀라운 승귀〔높아짐〕 장면을 보게 된다.
또 70장에서 우리는 에녹이 3인칭으로 언급되고 있는 것을 보
게 된다. "이후에[그 후에] 그가 살아 있는 동안, 그의 이름이 메
마른 땅에 거주하는 자들로부터, 그 사람의 아들의 임재 앞에
그리고 영혼들의 주의 임재 앞으로 들어 올려졌다. 그는 영혼의
마차로 들어 올려졌고, 그의 이름은 그들 가운데서 사라졌
다"(70:1-2). 하지만 이후 이 텍스트는 지체 없이 다시 1인칭으
로 옮겨간다. "그리고 이 날부터 나는 그들 가운데서 **계수되지**
않았다"(70:3). 여기서 우리는 에녹이 나오는 유명한 창세기 구
절, 곧 "에녹이 하나님과 동행하다가 사라졌다"(창 5:24)에 대
한 미드라쉬적 확장을 보게 된다. 이것은 곧 특별한 인간이 신

---

11. James R. Davila, "Of Methodology, Monotheism and Metatron," in *The
    Jewish Roots of Christological Monotheism: Papers from the St. Andrews
    Conference on the Historical Origins of the Worship of Jesus*, ed. Carey C.
    Newman, Supplements to the Journal for the Study of Judaism (Leiden:
    Brill, 1999), 9.

12. 여기서 내가 「에녹의 비유」를 읽은 방식은 후커의 방식과 비슷하
    다. Morna Hooker, *The Son of Man in Mark: A Study of the Background
    of the Term "Son of Man" and Its Use in St Mark's Gospel* (Montreal:
    McGill University Press, 1967), 37-48.

이 되는 신격화의 사례라 할 수 있다. 세계적인 명성을 가진 카발라(Kabbalah) 학자, 모쉐 이델(Moshe Idel)은 다음과 같이 언급했다.

유대 신비주의 역사 속에서 다양하고 주요한 발전들은 신격화(apotheotic)와 신의 현현(theophanic)이란 두 주요한 궤도 사이의 계속되는 경쟁과 종합으로 설명될 수 있다. 전자는 신성화(theosis) 곧 높은 곳으로 승천하여, 천사나 하나님 같이 보다 영속적인 존재로 변화하는 과정을 통해서, 죽음을 피할 수 없는 인간의 상황을 초월하고자 하는 상위 집단의 열망을 반영한다. 이러한 상승 열망과 대조되는 것이 신의 현현 쪽의 궤도이며, 이는 직접적인 방식으로 혹은 중재하는 계급을 통해 주어지는 신의 계시를 상징한다.[13]

바로 이러한 경쟁이 「에녹의 비유」에서 해결되고 있다. 게다가 복음서의 종교적인 배경을 이해하는 핵심인 신격화와 신의 현현이라는 두 주요한 전통의 종합이 나타나고 있다. 거의 동시대 문헌인 복음서에서와 마찬가지로 「에녹의 비유」에서도 하나님께서 사람으로서 지상에 나타나심으로 사람들에게 자신

---

13. Moshe Idel, *Ben: Sonship and Jewish Mysticism*, Kogod Library of Judaic Studies (London: Continuum, 2007), 4.

을 드러내셨다는 (현현) 개념, 그리고 사람이 신의 수준으로까지 높아지게 되었다는 (신격화) 개념 사이에 강한 연속성 혹은 종합이 발견된다.

「에녹의 비유」 후반부에서 에녹은 우주의 모든 비밀들을 보게 되고 대천사들의 집으로 가게 되는데, 그들 가운데 옛적부터 항상 계신 분도 함께 있다. 71장에서 옛적부터 항상 계신 분은 에녹에게 와서 다음과 같이 선언한다. "너는 의를 위하여 태어난 그 사람의 아들이다. 의가 네 위에 머무를 것이며 옛적부터 항상 계신 분〔the Ancient of Days〕의 의가 너를 떠나지 않을 것이다"(71:14). 에녹은 승귀되어 그 사람의 아들, 곧 우리가 이미 만난 바 있는 선재한 신적 구원자, 천상의 메시아와 혼연일체가 된다.[14]

에녹이 그 사람의 아들이 되다

신학적으로 섬세하긴 해도 이후 복음서들 역시 사람이 되

---

14. 본래 70장 또한 에녹과 그 사람의 아들을 동일시 했다는 Daniel Olson의 주장이 나를 완전히 설득시켰다. Daniel Olson, "Enoch and the Son of Man," *Journal for the Study of the Pseudepigraphica* 18 (1998): 33. 그의 논문은 사본 전승의 한 이문을 증명한다는 점에서 전형적인 문헌학 논문이라 할 수 있다. 이것은 왜 그러한 독법이 다른 전통 갈래들 안에서 변화하게 되었는지를 설득력 있게 설명해 준다.

는 하나님의 이야기(신의 현현)와, 하나님이 되는 사람의 이야기(신격화)로 구성되어 있다고 할 수 있다. 다시 말해 우리는 복음서 안에서 (특히 기적적인 탄생 이야기가 없는 마가복음 안에서, 심지어 바울문헌 안에서도) 여전히 '예수께서 사람으로 태어나셨지만 세례 때에 하나님이 되셨다'는 기독론 버전의 잔재를 확인할 수 있다. 이후에 이 개념은 양자론(하나님께서 예수를 아들로 택하셨다) 이단이라 불리게 되는데, 이는 중세 시대 이전까지 결코 사라지지 않았다. 따라서 『에녹서』에 나타나는 그 사람의 아들 이야기의 이중성을 살펴보는 것은, 복음서들 가운데 나타나는 예수 이야기의 이중성을 이해하는 데 도움을 준다. 이는 또한 하나님이신 그분의 탄생, 그분께서 세례받으실 때에 하나님이 되심, 그분의 죽음과 다시 살아 있는 인간으로 부활하심, 지상에서의 가르침, 그리고 영원히 하나님의 우편으로의 승귀하심과 같이, 그리스도 이야기의 다양한 장면들을 이해하는 데 도움을 준다. 이것은 마치 두 개의 이야기가 하나의 플롯으로 모이는 것과 같다. 첫 번째 이야기는 하나님께서 사람이 되셔서 이 땅으로 내려오시고, 원래 계시던 곳으로 돌아가시는 [하나님의] 이야기이다. 두 번째 이야기는 하나님이 되어 높은 곳으로 올라가는 사람의 이야기이다.

에녹을 자세히 살펴보는 것은, 사람이 하나님이 되었다(혹은 하나님께서 사람이 되셨다)는 것을 믿은 유대인들의 종교 혹은 종교 역사에 관하여 많은 것을 가르쳐 준다. 에녹의 신격화의 뿌리는 멀리는 고대 근동까지 거슬러 올라가는 것처럼 보인다. 나는 유대인의 종교 역사상 아주 중대한 순간, 곧 육화된 (incarnated) 신—인(divine person)으로서의 메시아 교리, 그리고 승귀한 인간으로서의 메시아 교리가 만들어진 순간의 윤곽들을 밝혀내고자 한다.[15] 본래 메시아 개념은 오랫동안 갈망했던 왕조를 회복시킨 다윗 가문의 한 평범한 인간 왕에 초점을 두었던 반면에, 신적인 구원자라는 개념은 이와 개별적으로 발전되었다는 것을 기억하는 것이 중요하다. 그리고 이 두 개념이 신적 메시아라는 개념으로 합쳐지게 된 것은 대략 예수 시대에 (혹 실제로는 그보다 조금 이른 시기에) 이르러서이다. 이에 대한 최고의 증거는 「에녹의 비유」라 할 수 있는데, 이 문헌에서 우리는 동시대 복음서에서 발견되는 종교적 개념들의 결합과 정확히 같은 종류의 결합을 발견하게 된다.

그 사람의 아들의 선재성은 「에녹의 비유」 48:2-3에서 상당히 분명하게 드러나고 있다. "그 때 그 사람의 아들이 영혼들의 주(the Lord of Spirits)의 임재 가운데 불려지고, 그의 이름이 고령의 머리(the Head of Days) 앞에 있었다. 심지어 태양과 성좌(별자리)들이 창조되기도 전에, 하늘의 별들이 만들어지기도 전에,

---

15. 이 패턴의 편재성에 대한 연구는 다음을 보라. Idel, *Ben*, 1-3.

그의 이름이 영혼들의 주 앞에서 불렸다"(48:2-3). 그 사람의
아들이 메시아로 불리는 것도 바로 48장이다. 이어지는 절들은
계속해서 그를 구원자에서부터, 경배받으시기에 합당한 분으
로까지 언급한다. "그는 의로운 자들을 위한 지팡이가 될 것이
며, 그들은 그를 의지하여 넘어지지 않을 것이다. 또한 그는 나
라들의 빛이 될 것이며, 그 마음이 슬픈 자들에게 소망이 될 것
이다. 땅에 사는 모든 자들은 그 앞에 엎드려 경배할 것이고 또
그들은 영혼들의 주 이름을 찬양하고 축언하며 영화롭게 할 것
이다. 이러한 이유로 그는 세계가 창조되기 이전부터 영원토록,
그분의〔영혼들의 주〕임재 가운데 택함을 받고 숨겨져 있었
다"(48:4-6). "[의로운 자들은] 그분의 이름으로 구원 받으며,
그분은 그들의 삶을 신원해 주시는 분이시다"(48:7).

　　이것은 선재한 천상의 구원자의 위치로 승천하는 인간과
연관된 전승과 정확히 같은 종류의 전승은 아니다. 두 주제는
서로 거의 대조되는 것처럼 보인다. 46장과 그 이후에 장들을
보면, 그 사람의 아들은 신이며 에녹은 놀라운 환상들을 받는
지혜로운 예언자이다. 하지만 70-71장에 이르면, 에녹 자신이
신으로 여겨진다. 이것은 '인간이 신이 되었다'는 신격화 버전
의 전승이다.

　　한편, 「에녹의 비유」 초반의 장들을 보면 그 사람의 아들이
보좌에 앉게 되는데, 여기서 우리는 신의 현현 개념 곧 신적 존

재가 인간 안에서 스스로를 계시한다는 개념을 보게 된다. 앞서 본 것처럼 이 장들에서 그 사람의 아들은 또한 메시아란 칭호를 받게 되고, (최후 심판에서 판결을 내리는) 종말론적 심판관의 역할도 하게 된다. 이것은 분명 다니엘 7:14의 독법으로부터 나온다. "그에게 권세와 영광과 나라가 주어지고, 모든 백성들과 나라들과 다른 언어들을 말하는 자들이 그를 경배하니, 그의 권세는 사라지지 않는 영원한 권세이며, 그의 왕국은 결코 멸망치 않을 것이다"(단 7:14). 다니엘서에서 그 사람의 아들에게 주어진 통치권은 주로 마지막 때 심판하는 역할을 통해 설명된다.[16] 〔「에녹의 비유」에서〕 그 사람의 아들은 모세와 같이 신의 보좌에 앉는다(62:2, 5; 69:27, 29; 61:8). 신의 보좌에 나란히 앉거나 혹은 하나님의 자리에 앉는 자는 신 그 자체이며 하나님의 신성을 공유하는 자라는 원리에 따라 살펴보면, 「에녹의 비유」의 이러한 묘사에 그 사람의 아들은 명백히 들어맞는다. 더욱이 분명 그는 이 텍스트에서 (또한 46:5; 48:5; 62:6, 9에서) 경배의 대상이다. 하지만 아직 그는 에녹이 아니다. 이 장들에서 에녹은 예언된 자가 아니라, 예언을 하는 자이다.

이제 우리는 두 개의 평행하는 에녹 전승 곧 『에녹1서』 14장과, 다니엘서 7장에서 발전해 나온 전승들을 보게 된다. 한쪽

---

16. Bauckham, "The Throne," 58.

에는 승귀하여 신격화된 인간에 대한 전승이 있으며, 또 다른
한쪽에는 이스라엘을 구원하기 위해 내려온, 제2위의 하나님
같은 구원자에 대한 전승이 있다. 아직은 마가복음과 그 이후의
복음서들 가운데서 발견되는 인간화된 신(anthropized divinity)과
신격화된 인간(divinized human)의 통합 혹은 동일화까지는 발견
하기 힘들다.

이것이 한데 모이는 곳이 바로 「에녹의 비유」 70-71장이며,
이는 아주 오래된 전승의 독립적인 줄기로 봐야 한다. 여기서
인간이 되신 하나님과 하나님이 된 인간이라는 각각의 개념들,
본래 개별적이었던 두 개념이 합쳐진다.[17] 이 문헌의 초반부에
서 그 사람의 아들은 분명 창조 전에 선재한 것으로 묘사되는
데 반해, 에녹은 아담 이후 일곱 번째로 태어난 인간으로 묘사
된다. 에녹은 아담에서 시작하여 일곱 번째 되는 족장으로서,
노아 홍수 이전의 일곱 번째 바벨론의 왕, 엔메두르안키(Enmed-

---

17. Pierre Grelot, "La légende d'Hénoch dans les Apocryphes et dans la
     Bible: Origine et signification," *RSR* 46 (1958): 5-26, 181-220; James
     C. VanderKam, *Enoch and the Growth of an Apocalyptic Tradition*
     (Washington, DC: Catholic Biblical Association of America, 1984),
     23-51; Helge S. Kvanvig, *Roots of Apocalyptic: The Mesopotamian
     Background of the Enoch Figure and of the Son of Man* (Neukirchen-
     Vluyn: Neukirchener Verlag, 1988), 191-213; Andrei A. Orlov, *The
     Enoch-Metatron Tradition*, Texte und Studien Zum Antiken Judentum
     (Tubingen: Mohr Siebeck, 2005), 23-78.

uranki)와 뚜렷한 연관성을 보인다. 이 왕은 인간의 후손이지만 하늘로까지 들어 올려진 인물이다. 에녹이 이 바벨론인 조상과 공유하는 또 다른 특징들로는 신들의 임재 가운데 하늘 보좌에 앉게 된다는 것 그리고 거기서 지혜를 배운다는 것이다.[18] 이것은 어떻게 앞서 말한 동일화가 이뤄질 수 있었는지를 분명하게 밝혀준다. 다니엘서에서도 그렇듯이, 단일한 신학 진술을 하기 위해서 서로 다른 텍스트들이 한곳으로 모여든 것이다.

　그 사람의 아들로서의 에녹 이야기는 모두 창세기의 에녹에 관한 구절에서 시작된다. 창세기 5장의 몇몇 수수께끼 같은 구절에서 우리가 보게 되는 에녹의 이야기는 다음과 같다.

[21] 그리고 에녹은 육십 오년을 살다가 므두셀라를 낳았다 [22] 그리고 에녹은 므두셀라를 낳은 후 삼백 년을 하나님과 동행하며 아들들과 딸들을 낳았다 [23] 그리고 에녹이 살았던 생애는 삼백 육십오년이었다 [24] 그리고 에녹은 하나님과 동행하였고 〔세상에〕 있지 않았다. 하나님께서 그를 데려가셨기 때문이다. (창 5:21-24).

여기서 사용된 용어는 성경 안에서도 독특한 것이다. 어느

18.　Kvanvig, *Roots*, 187; John J. Collins, "The Sage in Apocalyptic and Pseudepigraphic Literature," in *The Sage in Israel and the Ancient Near East*, ed. John G. Gammie (Winona Lake, IN: Eisenbrauns, 1990), 346.

누구도 "있지 않았다"란 말을 듣지 못했다. 따라서 이것을 단순히 '그가 죽었다'는 의미로 해석해서는 안 된다. 무언가 특별한 일이 에녹에게 일어난 것이다. 그는 환상과 이적을 보고 지식을 얻었을 뿐 아니라, 하나님과 동행하였고 (세상에) 있지 않았다. 하나님께서 데려가셨기 때문이다. 「에녹의 비유」 70-71장은 바로 이 문제에 답하기 위하여 다른 버전으로부터 와서 덧붙여진 부분일 가능성이 크다. 이 부분이 정확히 에녹의 신격화 이야기로 채워져 있기 때문이다. 이 부분은 에녹이 하나님과 동행할 때 무슨 일이 벌어졌는지를 설명한다. 에녹은 그 사람의 아들이 된다. 그리고 바로 이것이 그가 더 이상 인간들 중에 있지 않았던 이유이다. 본래 별개였던 에녹에 관한 텍스트들을 이어붙임으로써, 창세기의 애매한 본문을 해석하는 이러한 문학적인 움직임은 엄청난 신학적 영향력을 발휘했다.

이러한 신학적 움직임은 본문의 해석이 어려운 곳에 나타난다. "천사가 나에게 와서 그의 목소리로 인사하며 나에게 말했다. '너는 의를 위하여 태어난 그 사람의 아들이다. 의가 네 위에 머무를 것이며 고령의 머리(the Head of Days)의 의가 너를 떠나지 않을 것이다'"(71:14)(저자는 앞서 인용한 동일한 절에서는 "옛 적부터 항상 계신 분"(the Ancient of Days)이라 표기하였고, 여기서는 "고령의 머리"로 표기했다—역주). 두 전승이 「에녹의 비유」에서 합쳐진다. 선재한 제2위의 하나님, 다니엘서의 구원자는 이제 그 사람의

아들처럼 묘사될 뿐 아니라, 그렇게 불리기까지 한다. 그리고
노아 홍수 전 고양된 일곱 번째 현인〔sage〕에녹은 하늘로까지
올라가게 되었다. 그는 하나님과 동행했고 하나님께서 데려가
셨으며, 〔세상에〕있지 않다. 이 한 땀 한 땀이 때를 맞춰 꿰어졌
으며, 따라서 우리는 이 문헌이, 에녹은 처음부터 메시아였고
처음에는 감춰졌던 그 사람의 아들이었으며 이후 인간의 형태
로 지상에 보내졌다가 다시 그가 전에 머물던 곳으로 승귀되고
있음을, 암시하고 있다고 봐야 한다.

　　이 신학적인 혁신은 주후 1세기 「에녹의 비유」가 실제로 기
록되기 이전에 발생했을 것이다. 우리가 신약성경의 기독론에
서도 유사한 발전 과정을 살펴볼 수 있다는 것을 깨닫는 것이
상당히 중요하다. 「에녹의 비유」에서 사람의 아들이, 두 번째
신적 보좌의 위엄을 차지한 선재한 신적 존재인 것처럼, 또 다
니엘서의 사람의 아들 같은 이에게 모든 통치권과 특권들이 부
여된 것처럼, 복음서 이면에 놓인 선재한 그 사람의 아들 역시
마찬가지다. 이 신적 존재〔사람의 아들〕는 궁극적으로 두 가지 방
식으로 에녹과 동일시된다. 하나는 에녹이 하늘로 고양되었을
때, 사람의 아들이 곧 에녹이 되는 방식이다. 또 하나는 〔사람의
아들이〕언제나 에녹이었기 때문에, 그 안에서 드러나는 방식이
다. 이것은 또한 복음서의 그리스도 이야기에 있는 모순이기도
하다. 한편으로 그 사람의 아들은 신적 존재이며, 하나님의 일

부이다. 영원토록 하나님과 함께 있〔었〕으며, 지상에 인간 예수
로 드러났다. 또 한편으로 인간 예수는 승귀하여 신적인 위치까
지 오르게 되었다. 모쉐 이델이 우리에게 제공한 용어들을 한
번 더 사용하자면, 여기서 우리는 신격화된 그 "사람의 아들"의
사례 곧 하나님이 된 인간과 동시에, 신의 현현으로서 그 "사람
의 아들" 곧 인간 안에 드러난 하나님의 자기 계시를 보게 된
다.[19] 분명히 에녹 버전에서 강조점은 신격화에 있고 복음서에
서 강조점은 신의 현현에 있는데, 이는 이후 이야기에서 중요한
위치를 차지한다. 하지만 내 생각엔 '유대적인 그 사람의 아들'
전승의 두 버전 모두에, 두 요소 모두가 존재하는 것은 분명해
보인다. 에녹 전승사에 대한 더 자세한 연구가 이 사안을 더 잘
이해할 수 있도록 도와줄 것이다.

에녹 그리고 그 사람의 아들, 그리스도

『에녹1서』의 두 번째 부분, 「에녹의 비유」는 마가복음과 거
의 동시대 문헌이다. 더 이른 시기의 문헌인 첫 번째 부분은
「감시자들의 책」으로 알려져 있으며, 대략 주전 3세기에 기록

---

19. Idel, *Ben*, 1-7. 이러한 통합에 대한 더 이른 시기, 더 직접적인 내용은
    다음을 보라. Moshe Idel, "Metatron: Notes Towards the Development
    of Myth in Judaism" [Hebrew], in *Eshel Beer-Sheva: Occasional
    Publications in Jewish Studies* (Beer-sheva: BenGurion University of the
    Negev Press, 1996), 29-44.

된 것으로 보인다. 「감시자들의 책」, 곧 『에녹1서』 14장은 다니엘 7장과 주제상 직접적으로 연관되며 아마도 그 시조격이었을 것이다. 다시 말해 다니엘의 환상은 그보다 더 오래된 묵시전승 문학에 근거를 두고 있다.[20] 『에녹1서』 14-16장에서 우리는 다음과 같은 순서의 요소들을 보게 된다. 에녹은 꿈과 환상을 본다. "나는 환상 중에 보았다"(14:8). 구름이 그를 부르고 바람이 그에게 전달했다(14:8). 그는 빛나는 태양과 같은 바퀴를 가진 보좌를 본다(14:18). 그 보좌 아래서 불의 강이 흘러나온다(14:19). 하나님의 옷은 눈보다 하얗다(14:20). 에녹은 하나님의 임재 앞에 불려가 그분의 음성을 듣는다. "두려워 마라. 에녹아. 가서 이 말씀을 전해라."[21] 이 본문이 선지서 에스겔 1-2장에서 선지자 에스겔을 파송하는 장면과, 40-44장에서 에스겔이 천상의 성전을 여행하는 장면에 기댄 것이라는 사실은 의심의 여지가 없다. 한편 다니엘 7장의 저자가 『에녹1서』의 이 부분을 활용하되, 그 자신의 신학적 전통들과 제2의 보좌, 제2의 신-인 환상을 담은 묵시적 자료들을 조화시켜 그것을 더 발전시키고 있다는 주장은 다소 덜 분명해 보인다.

---

20. Helge S. Kvanvig, "Henoch und der Menschensohn: Das Verhaltnis von Hen 14 zu Dan 7," *ST* 38 (1984): 114-33.

21. 이러한 요약은 다음의 자료를 이용한 것이다. Nickelsburg, *1 Enoch* 1, 255-56.

정확한 기원 관계가 어떠하든지 간에 분명한 점은, 사람의 아들이란 존재를 다니엘 7장에서 끌어온 「에녹의 비유」 저자가, 다니엘서의 사람의 아들 같은 이를 『에녹1서』 14장에 묘사된 에녹과 동일시하고 있다는 점이다. 둘 모두 구름과 함께 오고, 천사들 중 하나에 이끌려 옛적부터 항상 계신 분 가까이에 온다. 또 둘 모두 보좌와 그 앞에 흐르는 타는 불꽃을 묘사하고 눈 보다 흰 옷을 입은 존재를 묘사한다. 따라서 두 텍스트가 서로 관련이 있다는 것은 거의 확실하며, 다니엘서가 『에녹1서』의 가장 오래된 부분, 「감시자들의 책」에 의존하고 있다는 시나리오가 가장 가능성이 높다.[22]

「에녹의 비유」 저자는, 다니엘서 7장의 사람의 아들 같은 이와 『에녹1서』 14장의 에녹을 연결시키는데, 결국 71장에 이르러서는 자연스럽게 "너[에녹]는 그 사람의 아들이다"로 이어진다. 메시아 개념에 있어서 중요한 단계의 발전이 이루어진 것이다. 즉 제2위의 하나님, 천상의 구원자란 존재와, 천상으로 고양된 지상의 구원자가 합쳐진 것이다.[23] 「에녹의 비유」에서 우리

---

22. Black, VanderKam, Neugebauer, *Enoch*, 151-52, 이들은 이러한 입장을 받아들이면서도, 일반적으로 이보다 더 이른 시기의 문헌을 의존했다는 꽤 그럴듯한 가설도 제시한다. 어찌되었든 이 문제는 여기서 내 연구에 있어서는 중요하지 않다.

23. Sigmund Olaf Plytt Mowinckel, *He That Cometh: The Messiah Concept in the Old Testament and Later Judaism*, trans. G. W.Anderson (Oxford:

는 본래 두 개의 독립적인 전승 갈래가 하나로 합쳐지는 종교 역사의 실제 궤도를 발견할 수 있다. 한편에서 우리는 다니엘서 7장 사람의 아들 같은 이가 직유〔simile〕에서 칭호로 발전해 가는 것을 보게 된다. 우리는 이 발전이 문자 그대로 해당 본문에서 이뤄지고 있는 것을 볼 수 있다.[24] 또 다른 한편에서 우리는 천상으로 올라가 자리를 부여 받은 노아 홍수 이전의 일곱 번째 인간 왕에 대한 전승을 보게 된다. 이것은 전체 에녹 문헌에서 가장 강렬한 주제 중 하나이다. 「에녹의 비유」71장에서 우리는 이 두 전승이 하나로 결합되어 에녹과 그 사람의 아들이란 두 존재가 함께 나타나는 것을 보게 된다. 그 사람의 아들에 관한 이처럼 복잡하고 이중적인 이야기는 예수 이전 유대인들의 사상에 이미 예비되어 있었고 예수께서 살던 시대에도 남아 있었다. 여기에는 선재한 사람의 아들, 초월적인 메시아, 그리고 지상에 구현된 메시아 곧 고양되어 사람의 아들과 결합되는 인간이라는 요소가 포함되어 있다. 따라서 그리스도는 역사 속

B. Blackwell, 1956), 384-85.

24. James Davila는 또한 소위 편집자(다시 말하지만 나는 저자라고 부른다)의 작업이 특정한 이데올로기적/신학적인 의도를 지녔다고 말한다. Davila, "Of Methodology," 12. 하지만 그는 이러한 행위를 내가 하는 방식대로 해석하지 않는다. 그럼에도 히브리어 『에녹3서』(그리고 에녹-메타트론 전승)이 그것을 전제한다는 아주 중요한 핵심은 지적한다.

에서 동정녀 탄생으로 혹은 무로부터 창조되어 나타나신 것이 아니라, 유대인들이 가장 강력하게 바랐던 최상의 대망의 성취라 할 수 있다.

내 견해로는 새롭게 탄생한 메시아의 지혜라는 요소가 에녹과 함께 들어오게 되었는데, 이 때 초기 잠언 8장의 독법과 로고스 전승도 함께 본문 안으로 들어왔다.[25] 판결을 내리거나 심판하는 「에녹의 비유」 속 그 사람의 아들은, 잠언의 지혜와 같이 우주가 만들어지기 이전에 창조되었고, 메시아(인간 메시아는 아니다)와 동일시되었으며, 신(Deity)에 동화되고, 경배받기에 합당한 분으로 묘사된다. 이제 이 그림 전체를 위해 요구되는 것은 하늘로 올라간 인간 에녹과, 그 사람의 아들을 연관

---

25. Daniel Boyarin, "The Gospel of the Memra: Jewish Binitarianism and the Crucifixion of the Logos," *Harvard Theological Review* 94, no. 3(2001): 243-84. Larry Hurtado가 신적 중재의 세 범위를 구분한 것에 주목하라. 첫째 범주는 지혜 혹은 로고스와 같이 인격화, 위격화된 신적 속성들이고, 둘째는 고양된 족장들이며, 마지막 셋째는 주요 천사들이다(Larry W. Hurtado, *One God, One Lord: Early Christian Devotion and Ancient Jewish Monotheism*, 2nd ed. [Edinburgh: T & T Clark, 1998]). 이에 대해 James Davila는 여기서의 논의와 관련되어 보이는 한 범주를 포함하여 두 개의 범주를 더 추가했다. 더 이른 시기의 성경 인물들, 지위들(예를 들어, 다윗 계열 왕, 모세와 같은 선지자, 아론과 같은 대제사장)에 근거한 원형들 개개인의 육신화(incarnation)는 미래(미래의 이상적인 존재들) 혹은 하늘의 영역(고양된 이상적 존재들)을 향한 것이다. Davila, "Of Methodology," 6.

시키는 것이다. 이로써 완전한 기독론적 변형이 일어나게 될 것이다.

기독론의 모든 요소들은 기본적으로 「에녹의 비유」 곳곳에 있다. 우리는 (지혜와 동일시되는) 선재한 천상의 인물 곧 그 사람의 아들을 보게 된다. 또 우리는 지상에서의 삶, 지상에서의 활동을 마치고 하늘로 올라간 현인이, 선재하며 영원히 다스리는 사람의 아들로서 옛적부터 항상 계신 분 우편 보좌에 오르는 것을 보게 된다. 복음서들이 명확하게 「에녹의 비유」를 의존하고 있진 않지만, 「에녹의 비유」는 복음서가 만들어진 문화적, 종교적 배경을 밝혀주는 데 분명 도움을 준다. 이에 대해 신약학자 리처드 보컴(Richard Baukham)이 다음과 같이 잘 표현한 바 있다. "초기 기독교인들이 예수를 이스라엘의 한 분 하나님의 독특한 정체성 안에 담기 위해서, 독특한 신의 정체성에 관해 잘 확립되고 정리된 특성들을 상당히 명확하고 분명하게 차례차례 예수께 적용한 것은 쉽게 관찰이 가능하다."[26] 「에녹의 비유」 안에서 메시아/사람의 아들/에녹을 예배하는 장면에서 우리는 복음서들에 가장 가까운 평행을 발견하게 된다. 이 문헌들 중 어느 한쪽이 다른 쪽에 영향을 미쳤다고 생각할 근거가 전혀 없기 때문에, 에녹 문헌이 적어도 주후 1세기까지 혹은 아마

---

26. Bauckham,"The Throne," 61.

도 그보다 이른 시기 유대교 안에서 인간 메시아, 다윗의 아들, 신적 메시아, 그 사람의 아들에 관한 개념들의 결합에 대한 강한 증거를 제시한다고 할 수 있다.[27]

---

27. 따라서 나는 Baukham의 주장 곧 "초기 기독교인들은, 다른 어떤 유대인들도 메시아 혹은 그에 비견되는 다른 존재에 관해 말하지 않았던 것을 예수에게 말하며, 예수께서 하나님에 의해 승귀되어 이제 신적 정체성에게 주어진 특유의 우주적 통치권을 발휘하신다고 믿었다"는 주장을 이해하기 어렵다(Bauckham, "The Throne," 63). 왜냐하면 이러한 측면에서 에녹의 중요성이 대두된다고 한 사람이 바로 Bauckahm 자신이기 때문이다. 그가 다음 단락에서 암시적으로 밝히듯이 「에녹의 비유」는 출처라기 보다는 평행을 나타낸다"는 대답이 Bauckahm의 주장을 잘못된 것으로 만드는 「에녹의 비유」의 권위를 깎아내리지 않는다. 사실 내가 앞서 언급한 것처럼, 〔손상은 커녕〕 오히려 그것을 드높인다. 지금 우리는 어느 한 쪽이 다른 쪽을 의존하지 않은 상황에서 이 종교적인 개념에 대한 두 개의 독립적인 증언을 가지고 있기 때문이다. 더욱이 설득력 있어 보이는 Bauckham의 전제 곧 예수께서 몸담으셨던 제2성전기 유대교 안에 일련의 반〔semi〕-신 중재자들은 없었다는 전제를 받아들이는 것은, 다니엘 7:13-14이 이미 가정하는 내용 즉, 그 사람의 아들은 하나님의 신성을 공유한다는 내용을 인정하게 만든다는 점을 강조할 필요가 있다. 이는 예수 버전 안에서 기독론의 절대적인 특별함을 주장하는 Bauckham의 견해가 잘못된 것임을 다시 한번 드러낸다. 「에녹의 비유」와 복음서들은 다니엘 전승으로부터 나온 두 개의 발전을 나타낸다. 물론 이것은 이들 전통 각각에서 벌어진 종교적인 창조성을 배제하지 않는다. 실제로 우리는 복음서들이 『에녹3서』 속 에녹 전승과의 혼합(Bauckham이 맞다면)과 연속성(내가 가정하듯이 Bauckham이 틀리다면)에 시편 110:1을 강렬하게 덧붙인 것을 본다.

『에스라4서』와 그 사람의 아들

복음서들을 제외해도 「에녹의 비유」가 그 사람의 아들을 메시아로 보는 유일한 1세기 유대문헌은 아니다. 「에녹의 비유」, 마가복음과 동시대 문헌이자 『에스라4서』로 알려져 있는 묵시록(apocalypse)에서 또한 다니엘 7장에 토대를 두며 메시아와 동일시되는 신적 존재를 보게 된다. 흥미롭게도 이 문헌에서 우리는 이러한 개념이, 예수의 신성과 메시아됨에 대한 의문과 완전히 동떨어진 곳에 사는 유대인들 가운데서도 논쟁이 되었다는 증거와 함께, 이 종교적인 개념을 감추려는 또 다른 시도를 발견하게 된다. 앞으로 보게 되겠지만 이 문헌 역시 다니엘 7장에 의존하고 있으며, 또한 복음서를 이해함에 있어 중요한 그 사람의 아들을 해석하는데 있어서 하나의 선택지를 더 제공한다. 『에스라4서』 13장에서 우리는 다니엘서의 사람의 아들과 같은 이와 비슷한 인물을 만나게 된다. 한편, 여러 면에서 『에스라4서』의 그 사람의 아들은 에녹 버전보다는 복음서 버전에 훨씬 더 가깝다.

[1] 칠일 후 나는 밤에 꿈을 꾸었다. [2] 보라, 바다에서 큰 바람이 일고 모든 파도를 일으켰다. [3] 그리고 나는 보았다. 이 바람이 바다 한 가운데에서 사람의 형상 같은 것이 올라오게 만들었다. 그

리고 나는 그 사람이 하늘의 구름과 함께 나는 것을 보았다. 그가
얼굴을 돌려 보는 곳마다, 그 시선 아래 모든 것이 두려워 떨었다.
[4] 그의 입에서 음성이 나오는 곳마다, 그 음성을 듣는 모든 자들
이 불에 닿은 초가 녹듯 녹아들었다. [5] 그 후 나는 헤아릴 수 없
을 만큼 많은 무리들이 하늘의 사방에서 모여 오는 것을 보았다.
이는 바다에서 올라온 사람을 쓰러뜨리기 위함이었다. [6] 또 나
는 그가 자기를 위하여 큰 산을 파내어 그 위로 날아오르는 것을
보았다. [7] 나는 산이 파내어진 지역이나 장소를 보려고 애를 썼
으나 보지 못하였다. [8] 그 후 나는 그를 쓰러 뜨리려고 모인 모든
자들이 크게 두려워하는 것을 보았다. 그러나 그들은 그것을 무릅
쓰고 싸웠다. [9] 그가 밀어 닥치는 무리들을 봤을 때도, 그는 손을
올리거나 칼 혹은 어떤 전쟁 무기도 잡지 않았다. [10] 단지 그가
그의 입에서 불의 흐름과 같은 것을 뿜어내고, 그 입술에서는 불
꽃의 입김을, 또 그의 혀에서는 폭풍과 같은 불타는 숯들을 쏘아
올리는 것을 보았다. (에스라4서 13:1-10).[28]

---

28. Michael Edward Stone, *Fourth Ezra: A Commentary on the Book
     of Fourth Ezra*, ed. Frank Moore Cross, Hermeneia—a Critical and
     Historical Commentary on the Bible (Minneapo lis: Fortress Press,
     1990), 381-82.

*   이것은 아마도 『에스라4서』 12:32에서 가장 확실하게 끌어낼 수 있
     다. 이 구절은 천상의 사람의 아들이 다윗의 후손에서 나온다는 것을
     주장한다. "어떤 이유로 다윗의 후손이 구름을 타고 와야 하는지는
     불분명하다." A. Y. Collins and J. J. Collins, *King and Messiah as Son*

당연히 그 사람의 대적들은 새까맣게 불타게 된다. 물론 이 단락은 위에서 논의한 에녹 문헌의 단락과 같이, 분명히 다니엘 7장 독법에 토대를 두고 있다. 에스라4서의 본문은 에녹 문헌보다 훨씬 더 분명하고 예리하게(부분적으론 상대적인 밀도 때문이다) 신적인 사람의 아들과, 구원자 혹은 메시아 사이의 결합을 밝힌다(고기독론). 물론 이는 예수 운동과 완전히 독립된 것이다.* 평행하는 에녹 본문과 마찬가지로, 여기서도 역시 사람의 형상의 출현을 인용하고, 그를 그 사람(the Man)으로만 지칭함으로써 다니엘서와 밀접한 관련을 보인다. 다시 말하지만 우리는 이 직유적인 표현이 구원자가 되는 것을 보게 될 것이다. 또한 이 직유는 분명 신적 존재(신적 전사)를 가리키기 때문에, 구원자는 곧 신으로 여겨진다.[29] 스톤(Stone)이 주목했듯이, "입김이나 말씀과 관련된 본문들이 하나님과 구원자 모두에게 적용된다는 점은 상당히 흥미롭다. 하지만 우리가 현재 보고 있는 본문 외에, 구체적으로 불이 언급되는 본문들은 모두 하나님을 가리킨다. 그러므로 이런 측면에서 현재 본문은 상당히 독특하다고 할 수 있다. 본문에서 다른 많은 요소들로도 강조되긴

of God: Divine, Human, and Angelic Messianic Figures in Biblical and Related Literature (Grand Rapids, MI: W.B. Eerdmans, 2008), 207.
29. Ibid., 383.

하지만, 이것은 특히 그 사람 존재의 우주적인 역할을 강조하는 기능을 한다고 할 수 있다."[30] 이 지점을 좀 더 밀고 나가면, 우리는 다니엘서에서 사람의 아들 같은 이를 향해 발전된 논지와, 같은 종류의 논지, 즉 구름을 타고 오시는 분이 오직 여호와뿐이라면, 지금 나타나는 존재 역시 신적인 존재라는 논지에 이르게 된다. 곧 『에스라4서』의 사람 역시 신(적 존재)이라 할 수 있다.

이 환상은 다음과 같이 결론을 맺는다.

[12] 그 후 나는 동일한 그 사람이 산에서 내려와 온화한 다른 무리를 그에게로 불러들이는 것을 보았다. [13] 그러자 많은 사람들의 형상이 그에게로 왔다. 어떤 이들은 기뻐하고 어떤 이들은 슬퍼했다. 또 어떤 이들은 묶여 있었고 어떤 이들은 다른 이들을 제물로 끌고 가고 있었다. (에스라4서 13:12-13).

이 본문은 그 사람, 메시아가 하나님이라는 주장을 확실하게 못박는다. 제물을 언급하는 이 종말론적 환상은 이사야 66:20을 직접적으로 인용한 것이기 때문이다. "그들이 주께 드릴 제물(예물)로 너희 모든 형제를 모든 나라에서 데려올 것이

---

30. Ibid., 387.

다"(사 66:20). 여기서 제물로 끌려온 다른 이들은 주, **퀴리오스**〔kurios〕, 그 사람의 아들, 구원자에게로 가게 된다. 예수의 신성을 입증하기 위해—즉, 성경에서 여호와께 돌려졌던 구절들이 예수께 적용되는 것을 뜻한다—사용된 논지들이, 여기 그 사람〔the Man〕에게도 동일하게 적용되고 있음에 주목하자. 이 사람은 곧 주〔Lord〕이다. 예수께서 하나님이시라면, 정확히 같은 근거로 이 사람도 그렇다.

다니엘 7장에서와 마찬가지로 이 본문에서도, 우리는 기독교 이전에 이스라엘 내에 있었던 종교적인 갈등 곧 더 늙은 신적 존재와, 그로부터 권세를 받고 보좌를 공유하는 더 젊은 신적 존재라는 아주 오래된 개념을 받아들였던 유대인들과, 이 개념이 유일신론에 모순되는 것처럼 보이기에 거부했던 유대인들 사이에 있었던 갈등에 대한 증거를 보게 된다.* 종교적인 상상력이 다른 두 갈래—이스라엘의 하나님에 대한 오래된 이위일체성〔binitarianness〕이 기본적으로 보존되고 변형된 갈래와, 그 이중성이 더 철저히 감춰진 갈래—는 제2성전기 시대와 그 이후 시기까지 유대인의 사상 세계에서 나란히 살아남았다. 이들은 다른 방식들로 뒤섞이기도 하고, 서로 경쟁하기도 했다. 또 때로는 다른 갈래를 완전히 몰아내려고 애쓰기도 했다. 내 생각에 이러한 배후 사정은 아주 오래된 이스라엘 종교 갈래의 발전 양상과 연속성 측면에서, 복음서 속 종교의 많은 부분을 설명해낸다.

　복음서들의 "사람의 아들" 용례는 「에녹의 비유」 용례와 연결되는데, 이로써 우리는 이 용어를 예수 이전에 이미 유대교에서 널리 알려졌던 방식으로—다시 강조하지만 보편적이었다거나 혹은 경쟁이 없었다는 의미가 아니다—이해하게 된다(더 중요한 점은 메시아로 받아들여지는 제2위의 신적 존재를 암시한다는 것이다).[31]

---

*　이 점은 Michael Stone이 관찰한 아주 중요한 내용을 통해 지지된다. 13장의 구원자에 대한 묘사는 『에스라4서』 자체 내에서도 독특한 것이다. 이 문헌 내 다른 모든 곳에서 〔어떤 의미에선 선재했다고 할 수 있는〕 구원자는 다니엘 7장, 「에녹의 비유」, 『에스라4서』 13장에서 발견되는 제2위 신보다는, 다윗계 인간 메시아 전승 쪽으로 훨씬 더 기운 것처럼 보인다. 더욱이 Stone이 또한 예리하게 관찰한 것처럼, 13장 후반부에 나오는 환상의 해석은 그 사람의 우주적, 신적 측면을 감추고 있다. 내 생각에 그간 주목받지 못한 것은 이것이 다니엘서 7장과 놀랍게 연결된다는 점이다. 다니엘서 7장에서 제2위 신적 존재 곧 사람의 아들 같은 이의 환상은 또한 7장의 후반부 해석에 의해 완전한 인간으로 그리고 알레고리적 상징으로 보여지기도 한다. Michael Edward Stone, *Fourth Ezra: A Commentary on the Book 1 Fourth Ezra*, ed. Frank Moore Cross (Minneapolis: Fortress Press, 1990), 211-13.

31.　나는 그 사람의 아들에 접근하는 다른 방식 즉, 그 유명한 사람의 아들 논쟁을 해결하려 하기 보다는, 다른 질문들을 제시함으로써 다른 방향에서 접근하려 한다. Joel Marcus는 다음과 같이 말하면서 상당히 다른 언어로 이 점을 지적한 바 있다. 이 결론[「에녹의 비유」에서 그 "사람의 아들"은 예비〔pre〕-기독교인이다]은, 복음서들 속 예수께서 그 사람의 아들이란 용어를 굳이 설명하려 하지 않고 대체로 잘

마가복음과 「에녹의 비유」는 그들이 공유하는 시간대에서 유대 종교의 패턴을 보여주는 각기 독립적인 증거들이다. (지도가 땅이 아닌 것처럼) 이 문헌들은 종교가 아니라 종교의 증거이다. 이는 마치 빙산의 일각이 그 표면 아래 거대한 종교적 발전과 형성을 암시하는 것과 같고, 땅 밑 뿌리 조직 바로 위 지표면에 난 혹이, 뿌리줄기의 형태를 넌지시 나타내는 것과 같다. 확실히 땅은 지표면만큼이나 다양하게 요동친다. 카스텐 콜페(Carsten Colpe)가 언급한 것처럼, "그 사람의 아들의 역할에 대한 차이는 그를 기대했던 그룹들 간의 차이, 그리고 기대했던 시간대의 차이로 설명될 수 있다."[32]

복음서들의 위대한 혁신은 오직 그 사람의 아들이 이미 여기에 있다는 것 그리고 그가 우리와 함께 한다는 것을 선언한 데에 있다. 마지막 날에 사람의 아들 메시아가 될 에녹과는 반

알려진 존재로 다루신다는 점에 의해 뒷받침 된다. 또한 이 존재(사람의 아들)의 특징들, 이를테면 메시아와 동일시되는 것이나 그의 심판하는 특권이 당연하게 여겨진다는 점에 의해서도 뒷받침 된다. 볼테르(Voltaire)에겐 미안하지만, 우리는 『에녹서』의 사람의 아들이 존재하지 않았다면, 복음서들 속 그 사람의 아들의 말씀을 설명하기 위해서라도, 그를 만들어 냈을 것이라 감히 말할 수 있다. Joel Marcus, *Mark 1-8: A New Translation with Introduction and Commentary* (New York: Doubleday, 2000), 530.

32. Carsten Colpe, "Ho Huios Tou Anthrōpou," in *Theological Dictionary of the New Testament* (Grand Rapids, MI: Eerdmans, 1972), 8:420.

대로, 예수께서는 이미 그 사람의 아들이시다. 장차 이루어질 환상 속에서 구름을 타고 날게 되는 그 사람의 아들과는 반대로, 복음서들과 신자들은 예수께서는 이미 오셨음을 선포한다. 또 복음서들은 마지막 날이 바로 지금이라고 선언한다. 그리스도에 관한 모든 개념들은 다 옛 것이며, 새 것은 예수이시다. 이 사람이 그 사람의 아들이라는 선언 외에는 그리스도 교리 안에 새로운 것은 전혀 없다. 물론 이 자체가 엄청난 선언이며 혁신이다. 동시에 이미 예견된 역사적 결과라 하겠다.

제3장
예수께서는 코셔를 지키셨다

　　1세기와 2세기 초반—심지어 그 이후까지—예수 운동이 보였던 개념들과 관습들 (전부까지는 아니더라도) 대부분은, 당시 유대교의〔것으로 우리가 알고 있는〕 개념들과 관습들의 일부로 무리없이 이해될 수 있다. 삼위일체와 성육신이란 개념 혹은 이 개념들의 기원은, 예수께서 성육신하여 직접 무대에 등장하시기 전부터—말하자면 예수께서 메시아적 소명을 시작하셔서 그러한 신학 개념들을 드러내 보이시기 전부터—이미 유대인 신자들 가운데 존재했었다.

　　하지만 예수 운동이 보였던 개념들의 유대적인 배경은, 내가 그려내고자 하는 새로운 그림의 단지 한 부분만을 차지할 뿐이다. 초기 예수 공동체들이 가졌던 유대적인 성격〔Jewishness〕에 대한 가장 설득력 있는 증거는 복음서들 자체에서 나온다. 물론 복음서들은 거의 언제나 유대교로부터의 큰 단절을 나타

내는 표지[marker]로 이해되곤 한다. 이제 우리는 복음서의 해석
들을 살펴보면서, 당시 '유대교'에 대한 예수의 가르침으로 인
해 어떤 급진적인 단절이 만들어졌는지 (신앙적으로 혹은 학문
적으로) 진술하는 내용들을 살펴보고자 한다. 사랑과 신앙을
가르치는 예수의 완전히 새로운 가르침과 대조되는 모습의 유
대교, 곧 종교적인 불안감을 내포한 엄격한 영역에 속하여, 율
법주의적이고 규칙에 얽매인다는 인상의 유대교는 좀처럼 사
라지지 않고 있다.

심지어 예수께서는 틀림없이 경건한 유대인이셨을 것이라
말하는 사람들—특별한 선생이었지만, 유대교와 중대한 단절을
일으킨 이는 아니라고 생각하는—중에서도 복음서 특히 마가복
음은 전통적인 신앙의 형태들이 거의 완전히 뒤집혔다는 표시,
즉 [유대교로부터] 기독교가 단절되었다는 표시로 여겨졌다. 이와
같이 [유대교에서 기독교로 이동하고] 대체되면서 나타나는 가장 급
진적인 변화들 중 하나는 바로—거의 모든 해석들이 말하는 것
처럼—마가의 예수께서는 유대인의 음식 관습들, 곧 코셔의 규
례를 완전히 거부하셨다는 것이다.

하지만 마가복음 속 이 문제에 대한 대부분의 견해들과는
반대로, 예수께서는 오히려 코셔를 지키셨다. 다시 말해 예수께
서는 자신이 토라를 폐지하고 있는 것이 아니라, 오히려 지켜내
고 있다고 생각하셨다. 내가 계속해서 주장하겠지만, 사실 예수

께서는 다른 유대 지도자들과 어떻게 해야 율법을 가장 잘 지
킬 수 있는지에 대해서 논쟁하신 적은 있어도, 율법을 **지킬지
말지** 그 여부를 두고서 논쟁하신 적은 없다. 마가복음에 따르면
(심지어 마태복음은 더 하다) 예수께서는 토라의 관습들과 율
법들을 버리신 것과는 거리가 멀며, 오히려 바리새파로부터 오
는 토라에 대한 위협에 대항하여 그것을 확고하게 지켜내셨다.

바리새파는 예루살렘과 유대 지방에 중점을 두었던 유대인
들 안에서 일어난 일종의 개혁 운동이었다. 바리새파는 자신들
이 가졌던 하나님과 토라에 대한 사고방식—바리새파가 "장로
들의 전통"이라 부르는 것이 요구하는 변화들을, 기록된 토라
관습들과 통합시키는 사고방식—으로 다른 유대인들을 변화시
키고자 노력했다. 이러한 개혁에 대한 정당성은 구전 토라라는
미명 아래 이루어졌다. 시내산에서부터 장로들을 통해 내려온
이 전통은 많은 전통적인 유대인들에게—특히 유대인들과 그들
의 조상들이 오랜 시간 자손 대대로 토라를 지켰던 전통적인
방식에 변화가 수반되었다면 더더욱—급진적인 변화로 느껴졌
을 것이다. 적어도 바리새파 혁신의 일부는 바벨론 포로기에 발
생한 종교적인 관습의 변화들을 나타낼 것이다. 반면에 "그 땅
에" 남아있었던 유대인들은 계속해서 그들 조상의 관습들을 지
켰다. 따라서 갈릴리 예수와 같은 유대인들은, 바리새파가 가졌
던 개념들을 토라에 대한 모독, 곧 신성모독으로 여겨 격분하며

거절했을 가능성이 상당히 높다.

예수의 유대신앙(Judaism)은 예루살렘의 서기관들과 바리새파에서 나온 율법에 대한 일부 급진적인 변화들을 거부하는 보수적인 반응을 보였다.

마가복음은 예수에 대한 이런 새로운 이해의 근본 원리를 제공하는데, 이는 우리가 마가복음을 이해하는 방식에 영향을 미칠 뿐만 아니라, 대체로 우리가 복음서들을 읽는 방식에도 영향을 미치게 된다. 20세기에 이르러 복음서들 간의 관계에 대하여 역사적으로 새로운 개념이 형성되기 시작했고, 지금은 (모두는 아니지만) 관련된 대부분의 학술 분야에서 다뤄지고 있다. 오늘날 대부분의 학자들에게서 마가복음은 가장 초기의 복음서로 여겨지고 있으며, 특히 주후 70년 예루살렘 성전이 파괴된 바로 직후 어느 시점에 기록된 것으로 추정되고 있다. 마태복음과 누가복음은 다른 자료들—특히 많은 예수 어록들을 전달하는 자료—을 추가했을 뿐만 아니라, 그들의 목적을 위해 마가복음을 사용하고 수정한 것으로 여겨진다.

공관복음서들이 서로 어떻게 연관되어 있는지에 관한 이처럼 새롭고 설득력 있는 설명은 의도치 않은 결과를 낳았는데, 곧 예수께서 율법을 거의 완전히 폐지시켰다는 개념이 기독교 운동이 시작되는 지점으로 여겨지게 만든 것이다. 대부분의 학자들이 주장하듯이, 마가복음의 저자가 이방인이며 당시 유대인의 관습들을 잘 몰랐다면, 유대인의 삶의 방식을 거절한 것에서 이미 예수 운동의 시초가 암시되어 있다고 볼 수도 있다. 반면에 만약 예수와 같이 마가 자신도 유대 공동체의 구성원이었다면, 기독교의 시초는 아주 다른 방향에서 곧 유대인들의 종교 안에서 나타난 하나의 급진적인 형태로 이해될 수 있을 것이다. 이러한 관점에 따르면 예수께서는 유대신앙과 싸우신 것이 아니라 유대신앙 안에서 싸우신 것이 된다—이것은 완전히 다른 차원의 문제이다. 이와 같이 〔유대신앙에서 벗어나는〕 경계선에 선 유대인과는 거리가 먼 예수께서는 사실 유대신앙 안에 한 유형의 지도자이셨는데, 지금 바리새파라는 다른 그룹에 의해 밀려나고 계신 것이다. 이에 예수께서는 위험한 변화를 끌고 오는 그들에 맞서 싸우신다. 기독교가 유대교 안에 있는 한 유형〔variation〕이라는 견해, 심지어 예수께서는 굉장히 보수적인 전통주의자이셨다고 말하는 견해는, 2세기, 3세기, 4세기 소위 유대 기독교〔Jewish Christianity〕와 그 초기 라이벌이었던 이방 기독교 〔Gentile Christianity〕—몇 세기 후 결국 승리를 거두는—의 관계를 설명하는 데에 있어서 핵심적인 사안이다.

마가복음 7장 그리고 비-갈림길〔Non-Parting of the Ways〕

새로운 세계관을 위하여 이전의 근본적인 믿음들이 일부 쫓겨나는 시기에 전통적인 마가복음 독법에서 나타나는 예수와 유대인의 음식 율법의 관계는 종교 역사상 중대한 분기점으로 여겨진다. 수세기 동안 기독교 설교자들, 학자들, 일반 성도들은 마가복음이, 예수께서 코셔를 지키지 않으셨다는 것뿐만 아니라, 토라가 먹어서는 안 된다고 금지한 모든 음식들을 허용하셨음을 가르친다고 생각했다.[1] 이것은 결코 사소한 변화라 할 수 없다. 음식 율법들은 그때나 지금이나 여전히 유대인의 종교 관습에서 나타나는 가장 대표적인 특징들 중 하나이다. 만약 마가복음이 지금까지 잘못 읽혀왔고 마가의 예수께서 이러한 기본적인 유대 관습들을 버리거나 폐지하신 것이 아니라 오히려 코셔를 지키셨다고 한다면, 당시 예수 운동이 유대교와 관련되어 어느 위치에 있었는지에 대한 이해가 전반적으로 달라지게 된다. 간단히 말해서 가장 초기의 기독교인들이 예수께서 코셔를 지키셨다고 믿었다면, 우리는 기독교가 유대교 안에서 경쟁하는 한 분파(branch)였다고 말할 수 있게 된다.

---

1. 이것은 마가 자신 혹 마가복음의 저자가 이방인 신자였으며, 그에게 있어 코셔를 먹는 관습은 완전히 낯설고 반감을 불러 일으키는 것이었다는 가장 대중적인 견해를 일부 따른 것이다. 이 두 주장이 한 데 모인 결과, 이제 어떻게 하나님을 섬길 것인지에 관한 개념상의 완전한 전환이 예수 운동을 설명하게 되었으며 유대교와는 완전히 구별되게 되었다. 다른 복음서 저자들, 특히 토라 관습에 훨씬 더 친숙한 예수를 솔직하게 그렸던 마태복음은, 유대-기독교인과 같은 이름들 혹은 유대화된 공동체—이단에 대해 고대 기독교 이야기 안에서 사용된 용어—로 불렸던 공동체의 산물로 이해된다.

마가복음의 '유대성'(Jewishness)에 대한 의문은, 가장 초기 예수 운동의 역사적인 의미에 대해 우리가 갖고 있는 이해의 중심에 위치한다. 내가 입증하고자 하는 주장에 따르면, 예수께선 유대인들 혹은 유대신앙과 맞서 싸우시지 않으셨다. 예수께선 스스로 생각하시기에 올바른 유형의 유대신앙을 위하여 일부 유대인들과 맞서 싸우셨다. 앞서 두 장(본서 제1-2장)에서 살펴봤듯이, 이 유형의 유대신앙은, 이 세상에서 인간의 형체로 (그리고 예수의 인격 안에서) 발견되는 메시아, 즉 두 번째 신-인(divine person)이란 개념을 가지고 있었다. 사실 예수를 둘러싼 유일한 논쟁거리는 이 나사렛 목수의 아들이 정말로 유대인들이 기다려온 그분(the one)이 맞는지 여부였다. 예수께서 스스로를 매우 유대적인 메시아, 곧 사람의 아들로 이해하셨다면, 그분이 토라에 대해 경멸적으로 말하셨을 리가 없다. 예수께선 분명 토라를 지지하셨을 것이다.

대부분의 주석가들에 따르면, 마가복음 7장은 소위 유대교와 기독교 사이의 분기가 시작되는 지점이다. 전통적인 해석 그리고 사실상 거의 모든 현대 학자들의 해석에 따르면, 마가복음 7장의 예수께서는 토라 율법에서 중요한 부분, 곧 음식 율법(kashrut)이 더 이상 유효하지 않다는 선언을 하시는데, 이는 바리새파냐 아니냐를 떠나 거의 모든 유대인들이 가지고 있었던 믿음, 관습과 중대한 결렬을 의미한다. 미국에서 별다른 이견

없이 가장 핵심적이고 가장 중요하다고 여겨지는 세 가지 학술
적 성경주석 시리즈 즉, 복음주의 학자들을 위한 WBC(Word Bib-
lical Commentary) 시리즈부터, 비고백주의 진영에서 더 보편적인
상급 독자들을 위해 나온 앵커바이블(Anchor Bible) 시리즈, 그리
고 비종교적인 영역까지 다루는 매우 학술적인 헤르메네이아
(Hermeneia) 시리즈에 이르기까지—이 세 주석을 합친 것이 곧 현
대에서 권위를 인정받는 마가복음 독법을 대표한다고 할 수 있
다—가 모두 다른 부분에서는 차이를 보일지언정 적어도 마가
복음 7장에 대해서는 의견을 같이한다. 아델라 야브로 콜린스
(Adela Yarbro Collins)는 헤르메네이아 주석에서, 마가복음 7:19("이
러므로 그분께서 모든 음식물을 깨끗하다 하셨다")에 대해서
다음과 같이 말한다. "7:19c[19절의 세 번째 부분]의 언급은 엄
청난 도약을 보여주며, 적어도 예수를 따르는 이들에게는 음식
율법의 준수가 더 이상 의무가 아님을 암시한다"[2] 복음주의 학
계에서 사용되는 WBC 주석에서, 로버트 A. 굴리히(Robert

---

2.   Adela Yarbro Collins, *Mark: A Commentary,* ed. Harold W. Attridge,
      Hermeneia—a Critical and Historical Commentary on the Bible
      (Minneapolis: Fortress Press, 2007), 356. Collins가 이 말씀(19c)이 꼭
      15절에서 예수께서 본래 선언하신 의미라고 생각하는 것은 아니란
      점을 강조할 필요가 있다. 하지만 그녀는 19절을 그런 식으로 읽는
      다. 이것이 복음서 저자 마가에 의한 추후 설명이기 때문에, 마가(바
      울처럼)는 기독교인을 위한 율법 폐지의 시작점으로 여겨진다.

Guelich) 역시 다음과 같이 말한다. "마가복음 7:18b-19에서 먹는 다는 표현과 연결되어 설명되는 7:15의 예수의 말씀은, 곧 어떤 음식도 심지어 레위기 법(레 11-15장)이 금지한 음식조차, 하나 님 앞에서 사람을 더럽힐 수 없음을 의미한다. 예수께서는 근본 적으로 '모든 음식물을 깨끗하다 하신다.'"[3] 유서 깊은 앵커바 이블 주석에서, 조엘 마커스(Joel Marcus) 또한 다음과 같이 말한 다. "누군가 마가의 예수께서 이 부분에서 하신 것과 똑같이 했 다면, 곧 음식의 구별을 부정하고 모든 음식이 허용된다고 선언 했다면(막 7:19), 그 사람은 즉시 사람들의 마음을 하나님으로 부터, 하나님께서 모세에게 주셨던 거룩한 명령(참조, 막 7:8, 9, 13)으로부터 벗어나게 만들려고 현혹하는 사람으로 여겨졌을 것이다(참조, 막 7:6)."[4] 이것이 일반적으로 신앙적인 전통과 학 문적인 전통 모두에서 견지되는 해석이다.[5]

---

3.   Robert A. Guelich, *Mark 1-8:26,* Word Biblical Commentary 34A; *Mark*; I-VIII (Dallas, TX: Word Books, 1989), 380.

4.   Joel Marcus, *Mark 1-8: A New Translation with Introduction and Commentary* (New York: Doubleday, 2000), 450. 여기서 어떤 오해도 남기지 않기 위해서, Marcus는 마가를 마태보다는 훨씬 더 급진적인 사람으로 보긴 하지만 그럼에도 "유대 기독교인"으로 생각한다(이번 장에서 더 다루게 된다)는 점을 분명히 밝힐 필요가 있다.

5.   일례로 다음을 보라. "마가복음, 우리가 가진 가장 초기의 복음서 는 [바울보다 더] 신뢰할 만한 기준을 제시한다. 그것은 곧 예수께 서 음식법과 정결법을 폐지하셨고 안식일을 위반하셨다고 말한다."

그러나 마가의 예수께서는 정말로 이런 신성모독적인 언행을 보이셨을까? 마가복음의 이 부분을 정말로 유대교와 기독교의 갈림길이라 할 수 있을까? 기록된 토라와 그것의 폐지에 대한 후대 기독교의 믿음과 관습에서 시작하여 [시간을 거슬러] 역방향으로 마가복음 7장을 읽으면서, 많은 해석자들과 학자들은 그들 버전의 기독교를 설명해주는 기원, 심지어 전설적이기까지 한 기원을 찾아냈다. 하지만 이와 반대로 예수와 복음서 저자들이 살던 시대 유대인의 종교문헌에 오랜 시간 잠겨있던 렌즈를 통해 텍스트를 읽게 되면, 마가복음 7장에 대해 [이전에] 지배적이었던 관점과는 전혀 다른 관점을 얻게 된다. 다시 말해 마가복음을 적절한 역사적, 문화적 문맥에 고정시킴으로 우리는 전혀 다른 텍스트를 발견하게 된다. 유대신앙을 부정하고 토라를 폐지하는 내용이 아니라, 유대인 내부의 논쟁이 드러나는 것이다.

이러한 논의를 위해서는 먼저 이야기 전체를 염두에 두는 것이 좋다. 이러한 이유로 먼저 NRSV성경 번역으로부터 본문을 인용함으로 논의를 시작하고자 한다.

Robert H. Gundry, *Mark: A Commentary on His Apology for the Cross* (Grand Rapids, MI: Eerdmans, 1993, 2004). 이것이 아마 Gundry에게도 주지되는 사실일 것이다. 하지만 나에게는 아니다.

[1] 바리새파 사람들과 서기관 중 몇이 예루살렘에서 와서 예수께로 모여들었다. [2] 그들은 예수의 제자들 중 몇 사람이 부정한 손으로 곧 씻지 않은 손으로 먹고 있는 것을 보았다. [3] (바리새파 사람들과 모든 유대인들[all the Jews]은 장로들의 전통을 지켜서 철저하게[6] 손을 씻지 않고는 음식을 먹지 않으며, [4] 씻지 않고는 시장으로부터 [구한] 어떤 것도 먹지 않는다. 또한 그들이 지키는 다른 많은 전통들이 있는데 곧 잔들과 단지들, 놋그릇들을 씻는 일이다) [5] 이에 바리새인들과 서기관들이 예수께 물었다. "어찌하여 당신의 제자들은 장로들의 전통을 따르지 않고 부정한 손으로 먹습니까?" [6] 예수께서 그들에게 대답하셨다. "이사야가 너희 위선자들에 대하여 잘 예언하였다. 기록하였으되, '이 백성이 입술로는 나를 공경하나 마음은 내게서 멀도다. [7] 사람의 가르침을 교리로 가르치며 헛되이 나를 경배하는도다.' [8] 너희가 하나님의 계명은 버리고 사람의 전통을 지키고 있다." [9] 또 예수께서 그들에게 말씀하셨다. "너희는 너희의 전통을 지키려고 하나님의 계명을 잘도 저버린다! [10] 모세가 말하기를 '네 아버지와 네 어머니를 공경하라' 하고, 또 '아버지나 어머니를 저주하는 자는 반드시 죽을 것이다' 하였다.[7] [11] 그러나 너희는 말한다. 누구든지 아버

---

6. 이후 제시되는 다른 번역도 보라.

7. 나는 NRSV의 번역 "비방하다"[speak evil of] 대신에 문자적인 "저주하다"[curse]를 사용하면서, 여기서 나타나는 해석학적 문제에 대한 해

지나 어머니에게 '당신께서 내게서 부양받으신 것이 무엇이든 고르반(곧 하나님께 드릴 예물)입니다'라고 말하면, [12] 너희는 더 이상 아버지나 어머니에게 아무것도 해드리지 못하게 한다. [13] 너희가 전한 전통으로 하나님의 말씀을 헛되게 만들고 또 이같은 일을 많이 한다." [14] 예수께서 다시 무리를 부르시고 그들에게 말씀하셨다. "너희는 모두 내 말을 듣고 깨달아라. [15] 사람 밖에서 사람 안으로 들어가는 것으로 그 사람을 더럽히는 것은 아무것도 없다. 사람 안에서 나오는 것이 그 사람을 더럽게 한다." [16, 17] 예수께서 무리를 떠나 집으로 들어가셨을 때에, 제자들이 그 비유에 관해 예수께 물었다. [18] 예수께서 그들에게 말씀하셨다.

결책을 제시하고자 한다. Marcus는 다음과 같이 말했다. "부모를 물질적으로 부양하는 일을 막는 것이 잘못된 일이긴 하지만, 그것이 어떻게 부모를 저주하는 것과 같은가?"(Marcus, *Mark 1-8*, 444). 하지만 우리가 히브리어를 떠올리게 되면 이것은 문제가 되지 않는다. 히브리어에서 "공경하다"라는 동사는 문자적으로 "무겁게 만들다" 곧 아마도 "진중하게 대하다"란 뜻을 지닌다. 또 한편으로 "저주하다"는 "가볍게 만들다"를 의미한다. 따라서 출애굽기 20장[12절]은 문자적으로 "너희 부모를 무겁게 만들어라"고 기록되어 있으며, 반면에 21:17은 "자기의 부모를 가볍게 만드는 자는 모두 반드시 죽을 것이라"고 쓰여 있다. 만일 무겁게 만드는 것(공경하는 것)이 물질적인 부양을 제공하는 것이라면, 그렇다면 가볍게 만든다 것(저주하는 것)은 그 반대라 할 수 있다. 따라서 부모를 부양하지 않는 것은 곧 그들을 저주하는 것과 같다. 이러한 해석이 설득력이 있다면, 이는 곧 마가복음 안에 적어도 **히브리인의 진리**(*veritas Hebraicas*)에 훨씬 더 가까운 층을 드러내는 증거라 할 수 있을 것이다.

"너희도 깨닫지 못하느냐? 무엇이든지 밖에서 사람 안으로 들어가는 것이 사람을 더럽히지 못한다는 것을 알지 못하느냐? [19] 이는 마음으로 들어가지 않고 배로 들어가 뒤로 나가기 때문이다"(이러므로 그분께서는 모든 음식물을 깨끗하다 하셨다) [20] 그리고 예수께서 말씀하셨다. "사람에게서 나오는 것이 사람을 더럽힌다. [21] 속에서 곧 사람의 마음에서 나오는 것은 악한 생각 곧 음란과 도둑질과 살인과 [22] 간음과 탐욕과 악독과 속임과 음탕과 시기와 비방과 교만과 어리석음이다. [23] 이 모든 악한 것이 속에서 나와서 사람을 더럽힌다." (막 7:1-23).

이 본문에 대한 해석의 역사는 너무도 방대해서, 그것만으로도 책 한 권을 쓸 수 있을 정도다. 이 본문에 대한 "전통의 역사"를 둘러싼 마귀들이 한 부대에 이른다. 일부 학자들은 〔마가복음 7장의〕 어떤 구절들은 원문으로, 또 어떤 구절들은 후대에 추가된 부분으로 생각하는 반면에, 또 다른 학자들은 이들과 정반대로 원문과 후대에 추가된 부분을 구별한다. 나는 이들을 모두 무시하고, 텍스트를 있는 그대로 읽으려고 노력함으로 마귀들을 쫓아내고자 한다. 나의 목표는 마가복음 정경이, 그 원래의 문화적, 종교적 배경—해석 작업을 위해서는 배경을 철저히 알아야 하고 또한 분명하게 설명해야 한다—에서 의미했던 바에 더 가까이 다가가는 것이다.

가장 먼저 인식해야 할 것은 마가복음의 **독자들**은 아람어나 히브리어뿐만 아니라, 전통적인 유대 관습과도 거리가 멀었던 반면에. 마가복음의 **저자**의 경우엔 이러한 것들과 거리가 결코 멀지 않았다는 점이다. 마가복음의 저자는—그가 묘사한 예수와 마찬가지로—유대 관습과 언어들에 대하여 능숙했으며 확실한 이해를 보여준다. 이와 같은 [저자와 독자 사이의] 차이가 마가복음, 특히 7장에 대한 이전의 [해석]작업들이 자주 놓친 부분이다.

거의 모든 기독교 주석가들과는 반대로, 위에서 살펴본 마가복음 본문에서 예수께서 [말씀]하셨다고 설명되는 부분이 어떻든지 간에—"이러므로 그분께서는 모든 음식물을 깨끗하다 하셨다"를 포함하여—사실은 그것이 모든 음식물을 허용하고 있는 것이 아님을 제안하고자 한다. 우리 앞에 놓인 마가복음 본문의 구절을 있는 그대로 받아들인다고 해도 말이다.

이 제안을 증명하기 위해서는 토라 율법의 영역과, 음식 율법들의 영역 사이를 구별해내는 것이 아주 중요하다. 그간 이 점에 대하여 많은 혼동이 있어 왔기 때문이다. 먼저 음식을 코셔라고 부르는 것은, 성경과 이후 랍비문학에 정의된 바에 따라, 유대인들이 먹는 것이 허용되는지 혹은 허용되지 않는지를 가리키는 것이다. 금지된 음식 중에는 이를테면 돼지와 같은 새김질을 하지 않는 동물, 토끼, 맹금류, 그리고 지느러미나 비늘

이 없는 해양 생물들이 있다. 고기가 코셔가 되려면 해당 동물에게 고통이 없다고 여겨지는 특별한 방식으로 도축해야 하며, 고기와 젖은 서로 분리되어야 한다. 이러한 율법들은 심지어 오늘날까지도 경건한 유대인들에게서 문자 그대로 지켜지고 있다. 다소 혼란스럽게도, 코셔가 아닌 동물들이 "부정하다"(im-pure)고 언급되기도 하지만, 이 카슈루트(코셔) 율법들은 사실 몸이나 다른 부분들의 정결함 혹은 부정함과는 아무런 관련이 없다. 음식이 어떤 방식으로 다뤄졌는지 그리고 무엇과 접촉을 했는지에 따라서, 어떤 음식이 정결한지 혹은 부정한지—코셔인지 아닌지—를 결정하는 일련의 개별적인 규칙들이 있을 뿐이다. 실제로 음식 자체는 완전한 코셔 재료들로 만들어지고 코셔 단지(pot)에서 요리되었으며, 젖과 고기를 섞지 않았음에도 불구하고, 여전히 **어떤** 상황과, **어떤** 유대인에게는 금지되는 코셔 음식들도 있다. 유출이 있는 사람과 접촉하는 것과 같은 어떤 사고를 통해 부정하게 되는 음식들이 있다. 모든 유대인들에게 돼지고기, 바닷가재, 적절치 못한 방법으로 도축된 고기, 고기와 젖을 함께 먹는 것은 언제나 금지되었던 반면에, 특정 시기, 특정 유대인에게만 제의적 부정함으로 더럽혀진 코셔 음식을 먹는 것이 금지되기도 했다. 이들은 영어 표현에서 이따금씩 혼동되기도 하는데, 사실 정결과 부정에 대한 율법 체계와 음식 율법 체계는 먹는 것과 관련된 토라의 규율 내에서 서로 다른 체계이다. 물론 마가와 예수께서는 이 차이를 알고 있었다. 이 차이를 이해하는 데 있어서 가장 큰 장애물 중 하나는, 영어 단어 "깨끗한"[clean]과 "더러운"[unclean]이, 음식을 허용하고 금지하는 율법, 그리고 정결과 부정 혹은 오염을 따지는 율법 모두에 사용되어 왔다는 점이다. 이것들은 완전히 다른 히브리어 단어 그룹, **무타르**[muttar], **타호르**[tahor]를 번역한 것인데, 전자[무타르]의 그룹을 "허용된"과 "금지된"으로 번역하고, 두 번째[타호르] 그룹에만 "깨끗한"과 "더러운" 혹은 "정결한"과 "부정한"을 쓴다면 더 좋을 것이다.

토라는 먹을 수 없는 다양한 종류의 새, 물고기, 해양 생물, 육지 동물들을 나열한다. 또한 그것은 좌골신경[sciatic nerve]을 먹는 것, 코셔 동물의 특정한 종류의 지방을 먹거나 피를 먹는 것, 그리고 어미의 젖에 새끼를 함께 요리하는 것(이것은 대부분의 유대인들에게 일찍부터 금지되었으며, 고기와 우유를 함께 요리하지 않는 것을 의미한다)을 금지한다. 이러한 규칙들이 모여 소위 말하는 유대 음식율법 혹은 코셔 규례를 이룬다. 내가 언급해 온 것처럼, 이것들은 언제나 어디서나 모든 유대인들에게 적용된다.

정결함과 부정함 혹은 오염[tuma'h vetaharah]은 이와는 다른 삶의 영역에 적용되는 완전히 별개의 규칙과 규율의 체계이다. 부정함의 다른 원인들과 관련된 율법들, 이를테면 피부병, 혹은 정액(배설물은 아니다)과 월경혈 같은 것이 몸에서 나오는 유출—이는 도덕적으로 비난받진 않았지만 토라에 따라 사람을 "부정"하게 만든다—과 관련된 율법들을 말한다. 이뿐만 아니라 죽은 사람이나, 시체를 만진 사람, 올바르게 씻지 않은 사람과 같이 다양한 대상들과의 접촉과 관련된 율법들을 말하기도 한다. 사람들은 그들 쪽에서 어떤 행위를 하지 않고도 부정해질 수 있었다. 실제로 대부분의 이스라엘인들은 대부분의 시간 동안 부정한 상태에 있었다(그리고 오늘날 우리 모두는 항상 부정하다). 도처에 존재하는 특정 종류의 부정함들의 경우 정결해지는데 성전으로의 여행을 요구하기 때문이다. 그와 같은 "부정한" 사람들과의 접촉은, 완벽한 코셔 음식들조차도, 성전에 들어가는 이스라엘인들 혹은 제사장들이 먹을 수 없는 것이〔forbidden〕되게 한다. 제2성전기 동안에 그러한 부정함을 피하려고 노력하고, 성전에 갈 계획이 없다하더라도 토라의 규례들을 따라서 가능한 한 빨리 스스로를 정결하게 하려고 노력했던 유대인들이 상당수 있었다는 증거들이 많다. 바리새파는 이러한 관습들을 확장했고, 부정함과 접촉한 코셔 음식을 먹는 것은 사람을 부정하게 만든다는 것을 법으로 만들었다.

성경의 체계(갈릴리인의 관습은 이 체계에 분명히 부합한다)에 따르면, 두 규율 그룹은 상당히 엄격하게 구별되었다. 유대인은 코셔가 아닌 음식을 먹지 않았다. 하지만 부정해진 코셔 음식에 관한 규율들은 먹는 사람의 삶을 둘러싼 다양한 상황에 달려있었으며, 먹는 사람의 몸을 부정하게 만들지는 않았다. 바리새파 전통은 부정해진 코셔 음식 섭취를 금지하는 데에까지 확장하고, 또한 먹는 것을 통해 그 사람이 부정하게 된다는 데에까지 나간 것으로 보인다. 바리새파는 자신들이 세운 새롭고 엄격한 기준들을 다른 유대인들 역시 따르도록 만들고자 노력했다(이것은 분명 바리새인들이 사람을 얻기 위해 바다와 육지를 두루 다니는 것을 의미한다[마 23:15]—그들은 이방인이 아닌 다른 유대인을 "변화시키기" 위해 노력했다).[8] 그들은 빵을 먹기 전에 손에 물을 부어 씻음으로써 손이 빵을 부정하게 만들지 않도록 하는 제의적인 손 정결 관습을 만들었다.

따라서 예수께서 복음서 안에서 말씀하신 바를 이해하기 위해서는, 그분이 쓰신 용어가 우리 세계가 아닌 당시의 문화적 세계 안에서 어떠한 의미였는지에 대해서 더 분명하게 이해할 필요가 있다.[9] 복음서 안에서 우리는 바리새인들이 자신들의

---

8. "예수(혹은 마태)께서 바리새인들을 비난하신 것은 곧 그들이 다른 유대인들도 바리새파의 할라카를 따르게 하려는 열심 때문이었다"라고 지적한 Martin Goodmans의 글을 보라. Martin Goodman, *Mission and Conversion: Proselytizing in the Religious History of the Roman Empire* (Oxford: Clarendon Press, 1994), 70. 이것이 유일하게 가능한 해석은 아니지만, 나에게는 가장 설득력이 있었다.

9. 확실히 일부 혼돈은 성경의 용례 그 자체에서 기인한 것이다. 때로

토라 이해와 규율들—여기에는 손을 씻는 것과 같은 확장된 정결 규례들이 포함되어 있다—로 사람들을 전향시키기 위해서 예루살렘으로부터 왔다는 말을 듣게 된다. 예수께서는 몸으로 들어가는 음식물이 몸을 부정하게 만드는 것이 아니라, 오직 몸에서 나오는 것들이 오염시키는 힘을 가졌다고 반론을 펼치신다. 따라서 복음서가 실제 그려내고 있는 것은, 본래의 성경의 근거를 넘어선 바리새파의 확장된 정결 율법을 예수께서는 거부하셨다는 점이다. 예수께서는 지금 토라의 규율들과 관습들을 거부하고 계신 것이 아니라, 오히려 지지하고 계신 것이다.

많은 초기 입장들과는 다르게, 마가가 바리새파의 제의 관습과 정결 규율을 다룰 때, 자신이 무엇에 관해 말하고 있는 지에 대해서 아주 잘 알고 있었다는 점은 분명하다. 이것을 가장 분명하게 보여주는 것이 마가복음 7:3의 그리스어 표현이다. 이는 자주 영어로 모호하게 번역되곤 한다. "οἱ γὰρ Φαρισαῖοι

용어가 뒤섞이는 지점이 있다. 우리가 먹을 수 있거나 혹은 먹을 수 없는 동물들에게, 토라는 "정결한" 혹은 "부정한"이란 용어를 사용한다. 그럼에도 불구하고 두 체계—어떤 음식을 코셔로 만들거나 혹은 코셔가 아니게 만드는 체계, 그리고 코셔 음식을 부정하게 만들거나 혹은 부정하지 않게 만드는 체계—사이의 구별은 이러한 용어상의 작은 문제에도 불구하고 꽤나 분명하게 남아있다. 후대 전통에서 "코셔"라는 단어는 전자의 의미로만 사용하게 되었고 반면에 "정결한"은 단지 부정하지 않다(undefiled)는 의미만을 띠게 되었다.

καὶ πάντες οἱ Ἰουδαῖοι ἐὰν μὴ πυγμῇ νίψωνται τὰς χεῖρας οὐκ

ἐσθίουσιν, κρατοῦντες τὴν παράδοσιν τῶν πρεσβυτέρων"(막 7:3,

바리새파 사람들과 모든 유대 지역인들〔all of the Judaeans〕은 장로

들의 전통을 지키어 주먹으로〔with a fist〕[10] 손을 씻지 않고는 음

식을 먹지 않는다). 수세기 동안의 정정을 거쳐 최근에서야 학

계는 지배적이었던 본문 전통에 맞서 "주먹으로"라는 번역을

받아들였다.[11] 싸우거나 때리는 상황에서 쓰이긴 했지만, "주먹

으로" 용례가 고대 그리스어 번역 성경, 칠십인역에서 한 차례

이상 입증된다(출 21:8; 사 58:4). 유대인들이 실제로 손 씻는

---

10. 이 단어들은 자주 "모든 유대인들"〔and all the Jews〕로 번역되곤 하는
    데, 이는 전체 페리코페 내용에 거의 직접적으로 모순되기 때문에
    타당하지 않다. 바리새인들의 관습이 곧 모든 유대인들의 관습이었
    다면, 어째서 바리새인들만 비난을 받았는가? 이에 대한 가장 최신
    의 자료로는 다음을 보라. Steve Mason, "Jews, Judaeans, Judaizing,
    Judaism: Problems of Categorization in Ancient History," *Journal for
    the Study of Judaism* 38, nos. 4-5 (2007): 457-512. "유대 지역인들"이
    *Ioudaioi*에 대해 언제나 어디서나 유일하게 가능한 번역어까진 아니
    라 하더라도, 적절한 번역어 중 하나인 것은 분명하다. 또한 "유대인
    들"〔Jews〕 대신에 "유대 지역인들"〔Judaeans〕로 번역하게 되면, 마가가
    이 표현을 사용함으로써 유대인 사회 밖의 입장을 가리키는 것이라
    는 식의 해석을 방지할 수 있음에 주목해야 한다. 참조, Guelich, *Mark
    1-8*, 26, 364.
11. Marcus, *Mark 1-8*, 439, 441. 이에 대해 그는 여전히 의구심을 갖고 있
    다. 물론 나는 이 번역에 동의하며 그러한 의구심에는 동의하지 않는
    다.

제의를 실천하는 것을 본 이들은 곧바로 마가복음이 한 손의 주먹을 헐겁게 만들고, 다른 손으로 물을 그 주먹 위에 붓는 과정을 가리킨다고 생각했을 것이다.[12] 더욱이 "주먹으로"에 대한

---

12. Stephen M. Reynolds, "πυγμῇ (Mark 7:3) as 'Cupped Hand,'" *Journal of Biblical Literature* 85, no. 1 (March 1966): 87-88을 또한 보라. 이는 나의 선생님이자 위대한 탈무드 학자이신 Saul Lieberman에 의해서도 뒷받침된다(Reynolds에게 쓴 편지에서). "제의적인 목적에 따라 단지(vessel)로부터 손들을 씻을 때, 손들을 찻잔 모양처럼 움푹하게 만드는 관습은 아마도 상당히 오래된 것이다. [단지의] 그 입구는 보통 크지 않았고, 팔레스타인에서 물은 귀중했다. 한 손의 주먹을 헐겁게 만들면, 가느다란 물 줄기가 손 바깥 면과 안쪽 면 전체를 동시에 뒤덮을 수 있다. 이런 방식을 따르면 물이 절약된다. 깨끗함이 목적인 경우엔, 약간의 물을 손 일부에 붓는 것만으로 충분했다. 그러고 나서 두 손을 문지르면 손 전체에 물을 퍼지게 할 수 있었다. '찻잔 모양의 손들' 위로 물을 붓는 것은 곧 식사를 위한 제의적인 씻기를 가리켰다." 불행하게도 아주 매력있고 중요한 이 해석은 불과 20년 전까지만 해도 거의 완전히 무시되었었다. 내 생각엔 분명 정확한 해석임에도 불구하고 말이다. 참조, "Standaert(Marc, 472-73)는 Hengel의 초기 주장 곧 마가복음 7:3의 πυγμῇ는 라틴어투이긴 하나, 그 어원과 의미가 상당히 모호해서 그것에 관해 어떤 확고한 결론도 내릴 수 없다는 입장을 반복한다"('Mk 7,3 πυγμῇ: die Geschichte einer exegetische Aporie und der Versuch ihrer Losung,' *ZNW* 60 [1969]: 182-98). 참조, Guelich, *Mark 1-8:26*, 364-65, 16). Joel Marcus, "The Jewish War and the Sitz Im Leben of Mark," *Journal of Biblical Literature* 111, no.3 (1992): 444n15. 많은 학자들, 특히 유럽의 학자들은 마가의 진술에서 유대 관습에 대한 무지가 보인다는 것을 근거로, 마가가 이방인임에 틀림없다고 생각하는 것 같다. 나는 본서가 적어도 이러한 견해 일부를 뒤흔들 수 있길 바란다.

마가복음의 강조가 물론 기본적으론 관습 자체에 대한 묘사이겠으나, 이는 또한 암시적으로 바리새인들의 호전성을 가리키는 언어유희적인 표현이라고도 할 수 있다.[13] 호전성에 대한 언급은 차치하더라도, 복음서를 이런 식으로 이해하게 되면, 복음서는 다른 곳에서 찾아보기 힘든 증거, 곧 유대인 관습이 아주 오래되었음을 보여주는 엄청나게 가치 있는 증거—이는 후대에야 입증된다—를 제공해 준다. 만일 마가가 바리새인의 관습을 자세히 살펴본 관찰자로서 그것에 대해 조예가 깊은 지식을 드러낸 것이라면, 그렇다면 이 구절을 읽고 내가 전제하고자 하는 점은 바로 마가는 자신이 말하는 내용 모두를 잘 알고 있었다는 것이다. 이것은 (마가의 예수가 가진 관점뿐만 아니라) 마가의 관점도 확고하게 유대 세계 안에서 나온 것임을 강하게 시사한다—그간 마가에 대해 자주 이야기해 온 것과는 거의 정반대라 할 수 있다.

히브리대학교(Hebrew University)의 젊은 탈무드 학자 야이르 퍼스텐버그(Yair Furstenberg)는 최근 예수와 바리새인들 사이에

---

13. 여기서 나타나는 해석학적 논리는 마가복음 2:23에 대한 Marcus의 해석 논리와 유사하다(Marcus, *Mark 1-8*, 239). 23절의 "길을 내면서"에 대한 강조는, 예수께서 광야(밭)에 길을 만들고 계시다는 것을 암시한다. 나는 마가의 "주먹으로"—이 표현 자체는 상당히 현실적이고 또 얼핏 사소해보이긴 하지만—에 대한 강조가 이와 유사하게 상징적인 함축을 지닌다고 생각한다.

벌어진 근본적인 논쟁에 대하여 설득력 있는 설명을 제공한 바
있다. 퍼스텐버그는 예수의 말씀을 문자적으로 읽어야 한다고,
다시 말해 부정한 음식의 섭취를 통해서가 아니라, 몸에서 나오
는 다양한 물질들을 통해서만 사람의 몸이 부정하게 된다는 의
미로 읽어야 한다고 언급했다. 앞서 언급한 바와 같이, 토라에
따르면 몸으로 들어가는 것이 사람을 부정하게 만드는 것이 아
니라, 오직 몸에서 나오는 것들 즉 피나 정액의 유출, 그리고 임
질[gonorrhea]이 사람을 부정하게 만든다. 토라에 따르면 몸을 부
정하게 만드는 유일한 음식은 썩은 고기[carrion]뿐이다—부정하
게 되었으나 허용된 음식을 먹는 것 혹은 일반적으로 금지된
음식을 먹는 것은 분명 아니었다. 탈무드에 따르면, 음식을 먹
기 전에 손을 씻는 일—이는 부정하거나 오염된 음식을 먹는 것
이 사람을 부정하게 만든다는 것을 암시하고 있다—을 도입한
것은 바로 랍비들(혹은 유명한 바리새인들)이었다. 따라서 예
수께서 꾸짖으신 것은 코셔를 지키는 것에 대해서가 아니라, 바
로 바리새인들이 자신의 제자들에게 억지로 떠맡기려 했던 혁
신[변화]들이었다.[14] 이것은 토라에 대한 공격이 아니라, 토라를

---

14. Yair Furstenberg, "Defilement Penetrating the Body: A New
     Understanding of Contamination in Mark 7.15," *New Testament Studies*
     54 (2008): 178.

*   미쉬나는 모두 6개의 세데르(seder)로 구성되고, 각 세데르는 여러 개
     의 마세켓(massekhot)으로 나뉘어져 있다. 하혈(Zabim) 마세켓은 정결

올바르게 지키는 방법에 관한 유대인들 간의 논쟁이다. 퍼스텐
버그는 현명하게도 바리새인들에 대한 예수의 비난—바리새파
는 토라의 규율들을 **변화시켰다**—은 그 본래 의미가 문자적이라
고 주장했다. 이것은 핵심적인 랍비문헌에서 분명하게 드러난
다. 복음서보다 훨씬 후대 자료이긴 하지만 다음의 랍비문헌은
할라카에서 일어난 변화를 마가 시대에 속하는 것으로 본다.

> 이 범주들은 제사장의 제물을 [제사장들이 먹기에] 부적합하게 만
> 든다: 곧 부정한 음식을 곧장 먹는 자 … 그리고 부정한 음료를 마
> 시는 자 … 그리고 손으로 [먹는 자]. (자빔 5:12).*

누군가가 부정한 음식을 먹거나 마시면, 그 사람과의 접촉
은 제사장의 몫을 부정하게 만들고 제사장이 먹기에 부적합하
게 만든다.[15] 더욱이 이 혁신적인 규율은 마가의 예수께서 떠올
리셨듯이 분명 손과 관련이 있다. 이러한 규율들은 분명히 토라
의 규례가 아니라, 랍비 기원을 갖는 탈무드 전통 안에 있는 것

(Tohaarot) 세데르에 해당한다—역주.

15. Tomson은 이 텍스트를 마가복음 7장과 연관시켰다(Tomson, 81). 바
   빌론 탈무드 안식일〔Shabbat〕14a에 따르면, 랍비 엘리에셀〔Eliezer〕이
   이보다 훨씬 더 엄격한 기준을 가지고 있다는 점을 지적할 필요가 있
   다. 또한 이것은 예수께서 지적하신 것처럼 여전히 '장로들의 전통'
   혹은 랍비들의 (바리새파의) 혁신의 범주 안에 있다.

으로 그려지고 있다. 다시 말해서 정통 랍비들은 토라에 기록된 것과, 자신들이 더하거나 혹은 바리새파 조상들이 더한 것을 구별했다. 그들은 우리가 지금 보는 것이 바리새파에 의해 확장된 토라임을 분명하게 언급하면서 예수께서 말씀하신 것을 뒷받침한다. 토라에 따르면 몸으로 들어가는 음식이 아니라, 오직 몸에서 나오는 것(다양한 종류의 유출)이 〔사람을〕 오염을 시킬 수 있다.[16] 따라서 바리새인들이 음식 자체가 〔사람을〕 오염시킬 수 있다고 주장한다면, 그것은 율법 상의 변화가 일어났음을 뜻하는 것이다.

더욱이 손 씻기에 대한 〔예수의〕 비난은, 이후에 예수께서 부모 부양을 면피하게 해주는 서원을 비난하시는 것과 연관된다.

[11] 그러나 너희는 말한다. 누구든지 아버지나 어머니에게 "당신께서 내게서 부양받으신 것이 무엇이든 고르반(곧 하나님께 드릴 예물)입니다"라고 말하면, [12] 너희는 더 이상 아버지나 어머니에게 아무것도 해드리지 못하게 한다. [13] 너희가 전한 전통으로 하나님의 말씀을 헛되게 만들고 또 이 같은 일을 많이 한다. (막 7:11-13).

---

16. Furstenberg, "Defilement," 200.

예수께서는 토라의 표면적인 의미 곧 유대인들에게 늙은 부모를 부양하라고 말하는 토라의 요구를 저버리는 바리새인들을 책망하신다. 전해진 바에 따르면 그들은 마치 하나님께 드릴 제물인 것처럼 부모로 하여금 자신이 가진 어떤 것도 사용하지 못하도록 서원하는 자는, 유효하게 부양을 금한 것이라고 주장함으로써 이러한 신성모독을 저질렀다.* 이것은 분명 바리새인들이 "장로들의 전통"으로 토라를 대체하고 있는 사례를 보여주는 것이다. 다시 말하지만 예수와 마가는 토라와, 바리새인들에 의해 드러난 구전 전승들과 혁신들을 정확하게 파악하고 있었다. 예수(마가)에게 있어서 기록된 토라는 신적인 것인 반면에, "장로들의 전통"은 **인간의** 창조물이다. 따라서 예수께서는 이사야를 인용하시며 그들에게 다음과 같이 말씀하셨다. "이사야가 너희 위선자들에 대하여 잘 예언하였다. 기록하였으되, '이 백성이 입술로는 나를 공경하나 마음은 내게서 멀도다. 사람의 가르침을 교리로 가르치며 헛되이 나를 경배하는도다.' 너희가 하나님의 계명은 버리고 사람의 전통을 지키고 있다."

예수의 관점에서 보면 엄밀하게 "장로들의 전통"—이후 구전 토라로 불린다—은 선지서의 표현에서처럼, 교리가 되어버린 "사람의 가르침"이다. 바리새인들과 이후 랍비들에게 있어서 "장로들의 전통"은 사람의 가르침이 아니라 신의 말씀이다 (그것이 [기록된] 성경이 아니라 구전으로 전승된 것임에도 불구하고).[17] 이 경우에 우리는 틀림없는 바리새인들의 혁신을 보게 되는데, 이를 두고 심지어 다른 바리새인들과 다투기도 했다. 예수께서 꺼리시며 이의를 제기하신 것은 당연한 일이다. 이 부분을 통해 내가 보이고자 하는 것은, 마가가 καθαρίζων πάντα τὰ βρώματα, 곧 "모든 음식물을 깨끗이 하시며"(막 7:19)라 기록할 때, 그것이 "이러므로 그분께서 모든 음식물을 허용하셨다〔permitted〕"를 의미했다고 믿을 만한 근거는 거의 없다는 점이다. 그것은 오히려 "이러므로 그분께서는 모든 음식물을 깨끗이 하셨다〔purified〕"를 의미했을 것이다. 이는 곧 예수께서 코셔 규율을 거부하신 것이 아니라, 바리새인들이 전념했던 확장된 율법들 즉, 특별히 더 엄격해진 부정한 음식에 관한 율법들을 거절하셨

---

*   적어도 2세기 이후 후대의 랍비들은 토라에 반하는 그러한 서원을 무효화하는 방법을 발전시켰다. 바리새인들에 반대하는 마가의 예수의 주장이 역사적으로 유효한지를 판단하기는 어렵다. 하지만 유대인들의 다른 문제들, 특히 바리새파의 관습들에 대하여 그분이 정확하셨음을 감안해 볼 때, 이 경우 역시 당연히 그랬을 것이란 점은 부정할 수 없다.

17. Collins, *Mark: A Commentary*, 350. 그녀가 이것을 아주 정확하게 표현했다는 것을 감안하면, 어떻게 그 다음 쪽에선 Claude Montefiore의 주장 즉, "6-8절에서의 주장은 설득력이 없다"고 한 것에 〔그녀가〕 동의할 수 있었는지 이해하기 어렵다. "어째서 너희 바리새인들은 인간의 계명—손 씻기, 서원—을 위하여 하나님을 계명을 무시하는가? 이는 선지자가 예언한 바와 같다"로 읽는 것은 앞서 설명된 해석만큼이나 설득력이 있다.

다는 의미이다.[18] 예수께서 베이컨 에그 섭취를 용인하고 계신 것이 아니다. 정확히 텍스트가 말하는 대로, 예수께서는 상당히 다른 문제, 곧 제의적으로 손을 씻지 않고서 빵 먹는 것을 허용하고 계신 것이다. 이 논쟁은 그것이 시작된 곳에서 끝이 난다. 다시 말해 부정한 음식의 섭취에서 기인한 몸의 부정과 관련된 논쟁에서 끝이 난다. 그 본래 문맥을 보면 예수께서 동물들을 허용하고 금지하는 규율들을 폐지하셨다는 의미로 마가복음이 쓰였을 가능성은 아주 희박하다.

이것을 단순히 "1세기 유대인들 사이에 벌어진 사소한 할라카[율법적인] 언쟁"(이는 존 폴 마이어[John Paul Meier]의 화려한 명언을 반향한다)에 그치지 않게 만드는 것은 바로, 예수께서 강력한 신학적 주장을 펼치시기 위해 비유의 형식으로 논쟁하셨다는 것이다. 바리새인들이 위선자이든 아니든지 간에(나는 일부는 위선자가 맞았고 또 일부는 아니었을 것이라 생각한다), 토라의 도덕적, 영적 요구들을 무시하면서 외면적인 경건을 기이하게 실천하는 것에만 관심을 두는 것은 그 스스로가 빈약한 종교임을 드러내는 일이다. 이는 마치 예수는 곧 사랑이시나, 동성애자는 미워하신다고 설교하는 것과 비슷하다. 그러나 우리는 조엘 마커스[Joel Marcus]가 예리하게 지적한 바, 곧

---

18. Collins, *Mark: A Commentary*, 356.

"일반적으로 고대 유대인들과 기독교인들의 배경에서, '위선
자'란 자신과 율법의 해석이 다른 사람을 뜻한다"고 말한 것을
기억해야 한다.[19] 이와 관련해 19세기 코츠크의 랍비 멘델〔Rabbi
Mendel of Kotzk, kotzker Rebbe〕의 한 일화가 있다. 그는 많은 유대인
들이 루블〔구소련의 화폐〕에 묻은 핏자국보다 계란에 묻은 핏자
국에 더 관심을 둔다고 말했다. 하지만 결국 그 자신도 계란에
묻은 핏자국에 더 주의를 기울였으며, 그의 추종자들 "그리고
모든 유대인들" 못지않게〔그것에 대해〕 생각했다(최근에 마커스
는 코츠커의 격언을 정확하게 이러한 마가복음 문맥에서 재인
용한 바 있다).* 사실 예수의 훈계 말씀은, 위대한 선지자들로
부터 시작되어 천 년 동안 계속되었던, 근본적이고 중요한 유대
전통 안에서 이루어진 것이다.

본문에서 일부 구절을 다시 살펴보자.

[14] 예수께서 다시 무리를 부르시고 그들에게 말씀하셨다. "너희
는 모두 내 말을 듣고 깨달아라. [15] 사람 밖에서 사람 안으로 들
어가는 것으로 그 사람을 더럽히는 것은 아무것도 없다. 사람 안
에서 나오는 것이 그 사람을 더럽게 한다." [16, 17] 예수께서 무리

---

19. Marcus, *Mark 1-8*, 444.
* 19세기 구소련에서 동료 유대인들이 받는 생명의 위협이나 핍박보다
도 코셔 율법에 더 관심을 기울이는 행태를 지적한 것이다—역주.

를 떠나 집으로 들어가셨을 때에, 제자들이 그 비유에 관해 예수께 물었다. [18] 예수께서 그들에게 말씀하셨다. "너희도 깨닫지 못하느냐? 무엇이든지 밖에서 사람 안으로 들어가는 것이 사람을 더럽히지 못한다는 것을 알지 못하느냐? [19] 이는 마음으로 들어가지 않고 배로 들어가 뒤로 나가기 때문이다." (이러므로 그분께서는 모든 음식물을 깨끗하다 하셨다.) [20] 그리고 예수께서 말씀하셨다. "사람에게서 나오는 것이 사람을 더럽힌다. [21] 속에서 곧 사람의 마음에서 나오는 것은 악한 생각 곧 음란과 도둑질과 살인과 [22] 간음과 탐욕과 악독과 속임과 음탕과 시기와 비방과 교만과 어리석음이다. [23] 이 모든 악한 것이 속에서 나와서 사람을 더럽힌다." (막 7:14-23).

신중한 독자라면 많은 표준 번역들과 마찬가지로 내 번역에서도 16절이 빠져있음을 알아차렸을 것이다. 이 절은 보통 후대에 첨가된 것으로 여겨지는데, 사실 이것은 원래의 본문이며 또한 본문을 이해하는 데 있어서 핵심적인 내용이다. 빠진 부분에는 "들을 귀 있는 자들은 들으라!"고 쓰여 있는데, 이는 곧 정결법에 관한 예수의 말씀이 비유이며, 율법은 그 자체로 더 깊은 의미를 가지고 있다는 것을 말해준다. 하지만 제자들은 예수의 말씀이 전달하고자 했던 더 깊은 의미를 이해할 수 없었다. 그래서 그들은 예수께 설명을 요구했다. 선생님, 이 비유로 우리들에게 무엇을 가르치고자 하십니까? 그러자 예수께서 대답하셨다. "토라가 우리에게 무언가를 가르치려는 게 아니라면, 즉 도덕성〔morality〕이 정결 규례들—특히 바리새파가 확장한 정결 규례들—보다 더 중요하다는 것을 가르치려는 게 아니라면, 왜 토라는 안으로 들어가는 것이 아니라, 안에서 나오는 것만을 부정하다 하겠는가?" 이것은 단연코 율법의 폐지와는 아무런 관련이 없으며, 단지 율법을 제자리에 두는 것뿐이다. 예수께서 말씀하신 설명은 토라의 규율들이 가진 깊은 의미를 해석한 것이지, 무시하는 것이 결코 아니다. 예수께서 크게 기여하신 것은 율법을 이처럼 깊이 있게 해석한 것이지, 소위 말하는 율법에 대한 거부가 아니다. 이는 토라를 버리라는 훈계가 아니라, 토라를 실천하고 그 의미를 받아들이는 데에 진정으로 더 깊이 헌신하라는 부르심이다. 예수의 유명한 이 말씀은 유대인들의 종교 세계 안에서 비로소 완전히 이해될 수 있는 것이다.

예수께서는 비유를 깨닫지 못하는 제자들에게 설명하시면서, 할라카의 문자 그대로의 뜻이 가리키는 영적, 도덕적 의미를 어떻게 읽어낼 수 있는지를 보여주신다.[20] 몸에서 나오는 것

---

20. 〔마가복음〕 2장 안에도 역시 이러한 관점으로 설명해야 할 부분이 있다. 18-22절을 보면 일부 사람들이 왜 다른 경건한 자들(요한의 제자들과 바리새인들)이 금식〔관습〕하는 것처럼, 예수의 제자들은 하지

이 부정함을 가져온다고 하는 할라카적인 사실이 의미하듯이, 실제로 입으로 들어가는 것이 아니라, 마음속 부정한 의도가 사람을 부정하게 만드는 것이다. 위에서 언급한 것처럼, 예수께서 바리새파의 것이라 언급하신 모든 관습들—손 씻기, 그릇 씻기—은 부정한 음식이 몸의 정결함을 침해하는 것에 관한 바리새파의 특정한 전통들과 긴밀하게 연결되어 있다. 밖에서 오는 부정함(문자적으로 할라카적 부정함)을 믿은 그러한 바리새인들은 안에서 나오는 부정함에 관한 토라 규율의 종교적인 진의를 완전히 놓친 것이다. 다르게 말하면, 바리새인들을 향한 예수의 비난은 불필요한 엄격함에 대한 사소한 지적이 아니라(몇몇 사람들이 어떻게 생각하든지 간에, 그분은 진보적인 설교자 혹은 선생이 아니었다), 할라카 해석에 관한 절대적으로 중요한 핵심이었다. 예수의 관점에서 바리새인들은 다른 사례(부모 부양 문제)에서뿐만 아니라, 이곳에서도 토라를 완전히 왜곡했고 무시했다. 예수께서 주장하신 것은, 바리새인들이 율법을 오해하고 자신들의 전통에 따라 밖에서 오는 부정함이 가능하다며 율법을 바꾸었을 때, 그들은 또한 율법에 전혀 귀를 기울이지 않

않는지 의아해 한다. 예수께서는 신랑이 함께 있을 때에는 금식하지 않는다고 대답하시는데, 이는 분명 영적으로 해석되는 **할라카적** 진술이며, 이스라엘의 거룩한 신적인 신랑을 가리킨다. **Yarbro Collins**는 이것이 예수의 신성을 간접적으로 드러내는 주장임을 분명히 밝힌다 (*Mark: A Commentary*, 199).

았음을 스스로 드러내고 있다는 점이다. 밖에서 오는 부정을 추
가한 것과 같이, 바리새인들은 토라 안의 의미는 무시한 채, 오
직 〔토라〕 밖에서부터 토라를 읽었다. 이처럼 할라카 문제는 더
할 나위 없는 작은 비유와 같다. 예수께서 음식의 정결과 부정
함을 말씀하셨을 때, 그분은 코셔 체계에 관해서 말씀하신 것이
아니라, 정결 관습들에 대한 바리새파의 이해에 관해서 말씀하
신 것이다. 예수도 복음서 저자들도 새로운 예수 운동이, 새로
운 종교를 형성하기 위한 이탈로 이루어진다고 생각하지도, 주
장하지도, 혹 암시하지도 않았다.

　　다른 모든 사상가들, 선생들과 마찬가지로, 사상가이자 선
생으로서의 예수께서도 특정한 역사적, 문화적 배경에서 중요
한 위치를 차지하셨다. 그리고 이 배경 안에서 예수께서는 독창
적인 종교 과업을 행하셨고 개입하셨다. 그 배경이란 곧 1세기
팔레스타인 북부(갈릴리) 팔레스타인 유대교와 그 종교적 관습
들, 개념들, 논쟁들—여기에는 예루살렘과 같이 다른 장소에서
온 유대인 선생들과의 논쟁이 포함된다—이다. 마가복음을 온
전히 그 본래 배경에서 읽게 되면, 예수께서 전통적인 갈릴리
유대인이라는 위치에서 말씀하시고 계시다는 것을 알게 된다.
이 갈릴리 유대인의 공동체와 전통적인 관습들은 밖으로부터
즉, 예루살렘에서 온 유대 지역인들로부터 비판을 받고 간섭을
당하고 있다(이것은 이 이야기가 시작되는 문장[7:1]에서도 강

조된다).[21] 예수께서는 토라에 기록된 것을 넘어서는, 심지어 그
것에 맞서기까지 하는 관습들을 들여 온 바리새인들을 책망하
신다. 그리고 그들이 가진 소위 장로들의 전통과 맞서(κατὰ τὴν
παράδοσιν τῶν πρεσβυτέρων) 싸우신다. 이 바리새인들은 장로
들의 전통을 토라만큼이나 중요하게 여겼는데, 때론 예수와 같
은 그들의 대적자들의 눈엔 그 전통이 토라를 뿌리 뽑고 그 자
리를 대신하는 것처럼 보이기까지 했다.[22] 더욱이 나는 예수의
갈릴리 제자들이 부정한 음식이 몸을 부정하게 만들 수 있다는
(비성경적인) 개념을 거부하고, 이에 따라 먹기 전에 손을 씻는
것을 거절하면서, 자신들이 가진 전통적인 관습을 따르고 있다
고 주장하는 바이다. 예수의 제자들은 예루살렘에서 온 이 무례
한 자들에게서 비난을 받고 있다. 그 자들이 "장로들의 전통"을

---

21. "이것이 예수께서 보수적인 할라카 입장을 변호하는 유일한 사례
    는 아닌 것으로 보인다. 마태복음 23장에서 비통함을 드러내시는 장
    면에서, 예수께서는 바리새파의 율법을 두 번이나 비난하시고 대안
    적인 할라카 견해를 제시하신다. 맹세(16-22절)와 그릇들을 깨끗하
    게 하는 문제(25-26절) 모두에서, 예수께서는 바리새인들의 관대함
    에 반대하시며 더 엄격한 규율을 제시하신다. 이 점은 다음의 자료에
    서 강조되고 있다. K. C. G. Newport, *The Sources and Sitz im Leben of
    Matthew 23* (JSNTSup 117; Sheffield: Sheffield Academic Press, 1995),
    137-45." (Furstenberg, "Defilement," 178).

22. Albert I. Baumgarten, "The Pharisaic *Paradosis*," *Harvard Theobgical
    Review* 80 (1987): 63-77.

토대로 요구하고 도입한 정결에 대한 제약을 준수하지 않았기 때문이다. 이에 예수께서는 그들이 자신들의 규율들과 관습들을 토라보다 더 중요하게 여기는 것과, 그들의 위선을 책망하시며 강하게 대응하신다. 따라서 마태복음 버전은 물론이고 마가복음 버전의 이 본문 안에서도, 예수께서 토라의 폐기를 요구하고 계시다는 내용은 어디에서도 찾을 수 없다. 갈릴리인들은 도시적인 유대 지역인들/예루살렘 바리새파의 혁신에 반감을 가지고 있었다.[23]

마가복음을 그것의 역사적인 배경에서 살펴보면, 7장은 완전하고 분명하게 드러난다. 마가는 유대인이었으며, 마가의 예수께서는 코셔를 지키셨다. 최소한 구체화된 토라의 관습들에 대한 태도만 따져봐도, 마가의 복음서는 유대교에서 떠나 새로운 종교로 가는 방향 곧 기독교의 탄생이라는 방향으로 걸음마조차 내딛지 않는다.[24]

---

23. 이것은 Seán Freyne의 견해에 가깝다. Seán Freyne, *Galilee, from Alexander the Great to Hadrian, 323 B.C.E. to 135 C.E.: A Study of Second Temple Judaism,* University of Notre Dame Center for the Study of Judaism and Christianity in Antiquity, 5 (Wil mington, DE: M. Glazier, 1980), 316-18, 322.

24. 마가복음을 이런 식으로 보는 것은 [마가복음과] 마태복음과의 관계에 대한 우리의 이해도 완전히 뒤바꾸어 놓는다. 마태복음 15장에 있는 중요한 평행 본문을 보자.

마가복음은 유대적인 문헌으로 읽을 때, 심지어 가장 철저

---

[15] 베드로가 예수께 말했다. "그 비유를 우리에게 설명해 주십시오." [16] 그러자 예수께서 말씀하셨다. "너희도 아직 깨닫지 못하느냐? [17] 입으로 들어가는 것은 무엇이든지 배로 들어가서 뒤로 나오는 것을 알지 못하느냐? [18] 그러나 입에서 나오는 것은 마음에서 나오는데, 이것이 사람을 더럽힌다. [19] 마음에서 나오는 것은 악한 생각과 살인과 간음과 음란과 도둑질과 거짓 증언과 비방이다. [20] 이런 것들이 사람을 더럽힌다. 그러나 손을 씻지 않고서 먹는 것은 사람을 더럽히지 않는다." (마 15:15-20).

마태복음 본문은 우리가 읽은 마가복음 본문의 모호한 부분을 명확하게 해준다. 단락의 처음부터 끝까지, 손 씻기에 관한 이야기뿐이다. 마태복음 안에서, 예수께서 음식을 허용하고 금지하는 율법을 폐지하셨다는 암시는 일말의 여지도 없다. 마태복음의 예수께서는 분명 코셔를 지키셨으며 이는 누구도 부정할 수 없는 사실이다. 마태복음은 마가복음을 '유대화한' 개정판인가? 많은 주석가들이 지적하듯이, 마가의 예수가 지닌 급진적인 함의들로부터 물러선 것인가? 모세의 토라에 기록된 코셔 율법은 (또한 암시적으로 다른 모든 토라의 제의법들도) 아무런 의미가 없다는 것이 진짜 '본래' 기독교 정통인가? 마태복음은 마가와 바울에 의해 드러난 율법에 대한 진짜 기독교인의 메시지—즉 기독교는 이스라엘인들, 유대인들이 이해해 왔던 하나님을 섬기는 방식과는 완전히 다른 방식을 가진 전적으로 새로운 종교라는 메시지—를 상쇄시키려는 타협의 목소리인가? 내 해석에 따르면 그렇지 않다. 마가복음이 먼저든(나는 그렇게 생각한다) 혹 마태복음이 먼저든(일부 학자들은 여전히 그렇게 생각한다) 간에, 어느 쪽이든 예수께서는 코셔를 지키셨다. 토라를 준수하는 예수의 사람들은 돌연변이들이 아니었다. 그들이 곧 가장 초기의 교회였다.

하게 기독론적인 순간에조차, 그와 같이 읽을 때 가장 잘 이해
되는 문헌이다. 마가의 예수께서 제안하시거나 주장하시거나
규정하시는 그 어떤 것도 완벽하게 유대적인 메시아, 그 사람의
아들에 어울리지 않는 것은 없다. 이후 기독교라 불리게 되는
무리는 곧 엄청나게 성공적인—가장 찬란하게 성공을 거둔—유
대 묵시적, 메시아 운동이라 할 수 있다. 지금은 고전이 된 책
『고스트 댄스』〔The Ghost Dance: The Orgins of Religion〕에서 웨스턴 라
바레〔Weston La Barre〕는 기독교에 관하여 다음과 같이 말한 적
이 있다. "단호하게 세속적인 관점에서 보면, 기독교 자체는 위
험한 종교〔제의〕 집단이었다. 초기에 그것은 전통적인 히브리인
형태의 세속적인 메시아들이 일으킨 정치적, 군사적 반란이었
다. 그러한 메시아들 중 하나가 로마 총독 빌라도에게 그저 반
란을 꾀하는 자칭 다윗 계열의 유대인들의 왕으로 여겨졌고, 이
로 인해 그는 당시에 흔한 방식으로 처형되었다."[25] 라 바레는
이 "단호하게 세속적인" 관점을 따르며 유대인들이 생각하지
않았을 "초자연적인 헬레니즘 메시아"를 이야기했고 또한 죽
음 이후 다시 부활하는 예수에 대한 개념은 오직 "근동지방의
'죽는 신', 신석기 초목 정령〔Neolithic vegetation spirit〕"을 통해서 들
어왔을 것이라 말했다. 심지어 순전히 역사적인 관점에서 보아

---

25. Weston La Barre, *The Ghost Dance: Origins of Religion* (London: Allen and Unwin, 1972), 254.

도 여기에 인용된 전형적인 이야기는, 지금까지 본서에서 우리가 살펴본 '초자연적인' 구원자, 유대인의 신의 역사를 완전히 무시하기 때문에, 결국 설득력이 없다고 할 수 있다. 괴상하게도 라 바레는 다니엘 7장을 "위험한 컬트 집단"의 기록으로 보지만, 정작 그 고대 텍스트가 이후 유대교 내에서 이루어진 발전과 연결될 수 있음을 완전히 무시하거나 부정하는 것처럼 보인다. 본서 4장에서 나는 심지어 메시아의 고난과 죽음조차도 충분히 마가와 마가의 예수가 있었던 유대적인 배경으로 밝혀낼 수 있음을 입증할 것이다. 또한 그러한 메시아 개념은 그들이 가지고 있었던 다니엘 7장 독법에 따른 것임을 증명할 것이다. 그러한 개념은 유대인의 생각에서 전혀 낯선 것이 아니었다.

제4장
다니엘서 미드라쉬로 보는
고난받는 그리스도

여러 면에서 십자가에서 고난받는 예수는 기독교의 이미지
를 정의하는 데 있어서, 심지어 크리스텐덤〔Christendom〕을 정의
하는 데 있어서 중심이 된다. 기독교인들은 십자가를 지니고 다
니기도 하고 십자가를 긋기〔성호〕도 한다. 수세기 동안 예술가
들은 고난받는 메시아의 모습을 수없이 많이 그려왔다. 근대에
이르러서는 샤갈〔Chagall〕과 같은 유대인 예술가들조차 이 대표
적인 기독교의 상징을 사용했다. 이처럼 돌고 돌아 또 다시 우
리는 신적인 메시아가 고난을 받고 죽임을 당했다는 생각이, 기
독교인과 유대인을 가장 분명하게 구별해 낸다는 다소 진부한
(그리고 상식이 되어버린) 주장을 마주하게 된다. 실제로 많은
사람들이 유대인과 그들의 새로운 라이벌인 기독교인을 궁극
적으로 갈라놓는 가장 명백한 표지가 바로 (아마도 예수의 죽

음 이후에 만들어 졌을) 그러한 생각이라고 여긴다. 유대인이
자, 중요한 제2성전기 역사학자인 조셉 클라우스너〔Joseph Klaus-
ner〕는 『이스라엘의 메시아 개념』〔The Messianic Idea in Israel〕에서—
이제는 거의 표준이 되어버린—기독교인과 유대인이 가진 메시
아 개념상의 절대적인 차이를 언급한다. 그는 이 문제에 대해서
다음과 같이 주장하면서 완전히 지배적이고 우세한 견해가 되
어버린 한 관점을 드러내는데, 그것은 곧 초기에 '기독교인'과
'유대인' 사이의 유일한 차이점이, 전자는 메시아가 이미 왔다
고 믿었던 반면에 후자는 아직 오지 않았다고 믿었다는 것이
다.[1]

그러나 이미 오신 메시아가 고난받고 수치를 당한 후에 보통의 반
란자와 같이 십자가 처형을 당했다는 사실과, 이스라엘 백성을 구
원하지 못했으므로 정치적인 면에서 볼 때 실패했다는 사실 때문
에, 또한 제2성전기 말미와 성전 파괴 이후 유대인들이 가진 미천
한 정치적 위치 때문에, 그리고 로마인들이 정치적 메시아를 믿는
신자들을 핍박했다는 두려움 때문에, 필연적으로 〔메시아에 대한〕
개념의 발전이 일어났고 이는 수세기 동안의 논쟁 끝에 결국 기독

---

1.   Joseph Klausner, "The Jewish and Christian Messiah," in *The Messianic
Idea in Israel, from Its Beginning to the Completion of the Mishnah*,
trans. W. F. Stinespring (New York: Macmillan, 1955), 519-31.

교 안에서 정형화되었다.[2]

대체적으로 클라우스너가 견지한 견해에 따르면, 메시아의 고난, 죽음, 부활이란 개념은 단지 예수의 죽음이라는 사건 이후, 그에 대한 변증으로서 나타난 것뿐이다. 이 견해에 따르면, 예수께서 메시아임에도 불구하고 보통의 반란자처럼 고난받고 수치를 당하셨다는 기독교인들의 메시아사상에 있어서 예수의 죽음은 단지 스캔들에 불과하다. "그렇다면 왜 하나님께서는 그가 택하신 메시아가 끔찍한 고난을 당하게 하시고 심지어—키케로(24)와 타키투스(2B)에 따르면—가장 수치스러운 죽음인 십자가 처형을 당하게 하셨는가? 왜 이 모든 일들로부터 메시아를 구하지 않으셨는가? 이에 가능한 유일한 대답은 메시아는 고난받고 수치를 당하며 십자가에서 죽어야 한다는 것이 하나님의 뜻이며, 또한 메시아 자신의 뜻이었다는 것이다. 하지만 죄와 상관없는 고난과 죽음을 일으킨 이러한 뜻은 과연 어디서부터 왔는가?"[3] 예수의 고난과 죽음에 대한 의문에 관한 클라우스너(그리고 거의 모든 사람들)의 대답은 곧 메시아의 고난은 죄인을 대신하여 당하는 것이며 그 죽음은 속죄의 죽음—이는 곧 일반적인 기독교인들의 십자가 신학이다—이라는 것이

2.　Ibid., 526.

3.　Ibid., 526-27.

다. 유대인들뿐만 아니라 많은 기독교 사상가, 학자들에 의해서 견지되는 이 견해에 따르면, 메시아 예수의 수치와 고난과 죽음 이후에 예수께서 구원을 위해 죄인을 대신해 고난받으셨다는 신학을 이사야 53장과 같은 곳에서 찾게 되었다. 이에 따라 이사야 53장은 박해 받는 이스라엘 백성을 가리키는 것이 아니라, 고난받는 메시아를 가리키는 것으로 재해석되었다.

[10] 그가 고통으로 무너지게 되는 것은 주의 뜻이었다. 당신께서 그의 생명을 죄를 위한 제물로 만든다면, 그가 그의 자손을 볼 것이며 그의 날이 길 것이다. 또 그를 통해 주의 뜻이 성취될 것이다. [11] 고난으로부터 그는 빛을 보게 될 것이며, 그의 지식을 통해 그는 만족하게 될 것이다. 나의 의로운 종이 많은 사람을 의롭게 할 것이며, 그는 그들의 죄악을 담당할 것이다. [12] 그러므로 내가 그에게 존귀한 자와 함께 몫을 받게 하며 강한 자와 함께 탈취한 것을 나누게 할 것이다. 그가 죽는 데까지 스스로를 내맡겼고 죄인들과 같이 여김을 받았기 때문이다. 그러나 그가 많은 사람의 죄를 담당하며 죄인들을 위하여 중재에 나섰다. (사 53:10-12).

이 구절들이 정말로 메시아를 가리키는 것이라면, 인간의 죄를 속죄하기 위한 그의 고난과 죽음을 분명히 예언한 것이라고 할 수 있다. 하지만 유대인들은 언제나 이 구절들이 승리를 거두는 메시아가 아닌 고난받는 이스라엘 그 자체를 가리키는 것이라 해석했다(고 여겨진다). 일반적으로 견지되는 이 견해를 다음과 같이 요약해보고자 한다. 메시아 수난의 신학은 예수께서 당하신 고난과 수치를 설명하기 위해 후대에 변증적으로 나타난 응답이다. '기독교인들'은 예수를 메시아로 여겼기 때문이다. 이 견해에 따르면 기독교는 새로운 종교의 태동을 위한 무대로 여겨지는 십자가 사건을 통해 시작되었다. 더 나아가 이러한 견해를 지지하는 많은 사람들은 이사야 53장이 기독교인들로 인하여—이스라엘 백성의 고난을 가리킨다는—그 본래의 의미로부터 벗어나 왜곡되었다고 생각한다. 메시아가 십자가 처형을 당했다는 충격적인 사실을 설명하기 위해서 말이다.

이런 진부한 견해는 완전히 근절되어야 한다. 메시아가 수치를 당하고 고난을 받는다는 개념은 예수께서 오시기 이전 유대교 안에서조차 전혀 낯선 개념이 아니었다. 이 개념은 이후 시기, 실제로 근대 초기 시기까지 계속해서 유대인들 가운데서 통용되었다.[4] (누군가에겐 불편할 수도 있겠지만) 흥미로운 사

---

4. Martin Hengel, "The Effective History of Isaiah 53 in the Pre-Christian Period," in *The Suffering Servant: Isaiah 53 in Jewish and Christian Sources*, ed. Bernd Janowski and Peter Stuhlmacher, trans. Daniel P. Bailey (Grand Rapids, MI: William B. Eerdmans, 2004), 137-45는 이런 취지에서 좋은 논의이다. Hengel은 다음과 같이 결론을 맺는다. "따라서 이사야 53장과 연결된 종말론적이며 고난받는 구원자에 대한

실 하나는, 이러한 전통이 근대 메시아닉 유대인들—예수를 믿
는 믿음이 그들을 유대인이 아니게 만들지 않음을 드러내기 원
하는—을 통해 잘 문서화 되었다는 점이다. 그들의 신학을 받아
들이든 아니든 간에, 그들이 고난받는 메시아가 유서 깊은 초
기, 후기 유대문헌에 토대를 두고 있다는 입장을 지지하는 강력
한 문헌적 근거를 가지고 있다는 점은 변함이 없다. 유대인들이
세상을 구원하기 위해 대신 고난을 받는 메시아를 이해함에 있
어 어떤 어려움이 있는 것처럼 보이지 않는다. 다시 말하지만
〔십자가 사건 이후〕이른바 예수에게로 돌려졌던 지점들은 사실
예수께서 세상에 오시기 이전부터 이미 통용되었던 메시아에
대한 견해, 곧 깊이 뿌리박힌 메시아 대망의 일부라 할 수 있다.
메시아가 고난을 받고 수치를 당한다는 생각은 유대인들이 성

기대가 존재했었다고 절대적인 확신을 갖고 말할 수 없으며, 그것이
예비〔pre〕-기독교적 유대신앙〔Judaism〕 안에 개략적인 형태로 있었다
고 증명할 수도 없다. 그럼에도 불구하고 매우 다른 출처를 가진 본
문들 가운데서 진지하게 받아들여야 할 많은 조짐들이, 이러한 종류
의 기대 역시 많은 유대인들의 주변부에서 존재했을 수도 있다는 것
을 암시한다. 이것은 어떻게 고난받는 혹은 죽음을 겪는 메시아가 주
후 2세기 탄나임들에게서 다양한 형태로 나타날 수 있었는지, 그리
고 어떤 이유로 이사야 53장이 탈굼과 랍비 문헌들에서 메시아를 가
리키는 것으로 해석되었는지 설명해준다."(140). Hengel의 주장에 수
정이 필요한 부분들—일례로 탈굼은 사실 그의 주장을 뒷받침 한다
기보다는 반례에 가깝다—도 일부 있긴 하지만, 대부분은 그가 말한
것이 정확하다.

경 텍스트를 면밀히 읽음으로써 충분히 얻을 수 있었던 생각이었다. 이는 곧 미드라쉬라 알려진 전형적인 랍비 해석 형식을 따라 면밀히 읽는 것을 뜻하는데, 이 형식은 새로운 내러티브, 이미지, 신학적 개념들을 이끌어내기 위해 성경 속 다른 위치에서 절과 단락의 일치를 찾는 것을 말한다.

　본서에서 우리는 예수 혹은 그분을 따르는 자들의 가장 독특한 혁신이라 여겨졌던 개념들이, 예수 시대 혹은 그 이전에 유대인들의 종교 문헌에서 어떻게 발견될 수 있는지 지켜봐왔다. 이러한 관찰은 결코 기독교 이야기의 위엄과 권위를 빼앗지 않으며 그렇게 할 수도 없다. 사실 기독교를 새로운 창조로 보는 것보다 오히려 유대교가 취했던 길들 가운데 하나—랍비 유대인들이 걸었던 길만큼이나 오래된 근원을 가진 길—로 보는 것이 더 위엄성을 갖는다고 할 수 있다. 많은 유대인들이 신-인간 메시아, 그 사람의 아들을 기대하고 있었다. 예수를 그러한 인물로 받아들이지 않았던 이들도 있었지만, 그렇게 받아들인 사람들도 많았다. 메시아의 고난에 대한 예비(pre)-기독교적 증언이 유대인들 가운데 매우 희박하게 나타난다 하더라도, 이를 메시아—예수도 마찬가지—에 관한 개념들의 "유대적인 성격"(Jewishness)을 파악하는 일에 있어 장애물로 여길 필요는 없다. 한 가지 분명히 해두자. 나는 예수와 그의 추종자들이 고난받고 죽는 메시아 이야기에 어떤 새로운 내용도 기여한 바가 없다고

주장하는 것이 아니다. 또한 나는 그들이 가진 종교상의 창조성
도 부정하지 않는다. 심지어 나는 이 혁신—그들이 정말 혁신을
보인 것이라 하더라도—이 고대 유대교로부터 불미스럽게 시작
된 것이 아니라, 전적으로 고대 유대교의 정신과 해석학적 방법
안에서 이루어진 것이라 주장하는 바이다.

죄인을 대신하여 고난받는 메시아에 담긴 "유대적인 성격"
은 두 가지 방식으로 입증될 수 있다. 첫째, 복음서들이 이 개념
을 발전시키고 예수에게 적용하기 위해 완전히 전통적인 미드
라쉬의 추론 방법을 사용했음을 보여주는 것이다. 둘째, 고난받
고 죽임을 당하는 일반적인 메시아 개념이 탈무드 시대 때부터
계속해서 "정통" 랍비 유대인들 가운데 분명히 존재했음을 드
러내는 것이다. 내 생각은 다음과 같다. 만약 이것이 그렇게나
충격적인 개념이었다면, 어떻게 탈무드와 미드라쉬 속 랍비들
은 이사야 53장에서—예수의 추종자들이 그러했던 것처럼—죄
인을 대신해 고난받는 메시아를 발견하고 설명하는 일에 있어
별다른 어려움을 겪지 않았는가?[5] 여기서 나는 나 자신도 뛰어
넘어 먼저 미드라쉬 형식으로 성경을 면밀하게 읽는 것이, 예수
의 수치와 죽음을 이야기하는 마가복음 구절을 어떻게 가장 잘

5.   Hengel, "Effective History," 133-37. Hengel은 심지어 칠십인역(그리
      스어 번역) 이사야(주전 2세기)가 이미 이 본문을 메시아를 가리키는
      것으로 봤을 것이라 주장한다.

설명해 내는지 살펴보고자 한다.

그 사람의 아들을 부끄러워함: 마가복음 8:38

마가복음 안에서 처음으로 예수께서 고난과 죽음이 불가피함을 드러내시는 곳은 바로 8장이다. 앞으로도 보게 되겠지만, 때로 예수께서 자신의 권위에 관하여 당혹스럽고 충격적인 말씀을 펼치시는 것은, 그 사람의 아들에 관한 다니엘서 구절들을 자세히 읽는 것에서 그 유래를 찾을 수 있다. 유대인들은 메시아가 어떠한 모습이고 그가 오실 때 무엇을 기대해야 하는지를 알기 위해서 이 성경책을 깊이 연구하고 모든 세부사항을 해석했다. 여기서 우리는 메시아의 고난에 관한 우리의 의문을 밝혀 줄 더 자세한 사례를 살펴보고자 한다.

[27] 그리고 예수께서 제자들과 함께 빌립보 가이사랴에 있는 여러 마을로 가셨다. 도중에 예수께서 제자들에게 물으셨다. "사람들이 나를 누구라고 하느냐?" [28] 제자들이 예수께 말했다. "세례 요한이라고 합니다. 엘리야라고 하는 사람들도 있고 선지자 가운데 한 분이라고 하는 사람들도 있습니다." [29] 예수께서 그들에게 물으셨다. "그러면 너희는 나를 누구라고 하느냐?" 베드로가 예수께 대답하였다. "당신은 그리스도이십니다." [30] 예수께서는 그들에게 자기에 관하여 아무에게도 말하지 말라고 명하셨다.

[31] 그리고 예수께서는 그 사람의 아들이 많은 고난을 받고 장로들과 대제사장들과 서기관들에게 버림을 받아 죽임을 당하고 나서 삼일 후에 다시 살아나야 한다는 것을 그들에게 가르치기 시작하셨다. [32] 예수께서 드러내놓고 이 말씀을 하시니 베드로가 예수를 붙들고 꾸짖기 시작했다. [33] 그러나 예수께서 돌아서서 제자들을 보시고 베드로를 꾸짖어 말씀하셨다. "사탄아, 내 뒤로 물러가라! 네가 하나님 편에 서지 않고 사람의 편에 서는도다." [34] 그리고 예수께서 제자들과 함께 무리를 불러놓고 그들에게 말씀하셨다. "누구든지 나를 따라오려거든 자기를 부인하고 자기 십자가를 지고 나를 따를 것이니라. [35] 누구든지 자기 목숨을 구원하고자 하면 잃을 것이요. 누구든지 나와 복음을 위하여 자기 목숨을 잃으면 구원하리라. [36] 사람이 온 세상을 얻고도 자기 목숨을 잃으면 무슨 이득이 있으리요. [37] 사람이 자기 목숨을 되찾는 대가로 무엇을 내놓겠느냐? [38] 음란하고 죄가 많은 이 세대에서, 누구든지 나와 내 말을 부끄럽게 여기면, 그 사람의 아들도 아버지의 영광으로 거룩한 천사들과 함께 올 때에, 그를 부끄럽게 여길 것이다. (막 8:27-38).

이 단락에서 우리는 그 사람의 아들은 "많은 고난을 받아야 한다"는 이야기를 예수께로부터 듣게 되는데, 이 이야기는 뒤이어 9:12에 다시 등장한다. 8:29-31을 보면 그리스도께서 고난을 받게 되실 것이며, 예수께서는 자신이 그리스도임을 믿는다는 점이 완전히 밝혀진다. 또한 이 구절들에서 그 사람의 아들과 그리스도가 받는 고난이 동일시되고 있다는 점도 분명히 밝혀졌다. 이 모든 것은 예수께서 그 사람의 아들을 통하여, 다니엘과 다니엘의 운명—승리를 거두기 전에 한 때, 두 때, 반 때 동안 탄압을 당한다—을 암시하고 계신 것이라 가정할 때에 가장 이치에 맞다.

예수께서는 메시아의 역할과 운명에 대하여 매우 분명한 지각을 갖고 계셨으며, 이 역할과 운명은 다니엘 7장의 그 사람의 아들로 예언되어 있었다. 처음에는 예수께서 다른 사람들에 의해 메시아로 밝혀지셨는데, 이후엔 스스로 그 사람의 아들이라고 언급하신다. 이로써 예수께서는 다니엘서의 그 사람의 아들의 운명과 같이 자신의 궁극적인 운명을 세우시고 메시아의 정체성을 확립하신다. 그분은 스스로 그런 정체성을 분명하게 주장하고 계신다.

마가복음 14:62에서 우리는 예수께서 메시아로 그리고 사람의 아들로 스스로를 확인하시는 것을 보게 되는데, 이는 앞선 내용과 유사한 것을 넘어 오히려 더 명백하게 드러나고 있다. 동일화 작업이 이루어지고 있는 이 두 소개가, 복음서에서 그 사람의 아들이 나오는 모든 구절을 어떻게 읽어야 하는지를 알려준다고 해도 과언은 아닐 것이다. 두 가지 소개는 분명 예수

께서 그의 신적인 소명과 역할을 지각하고 계심을 가리키고 있
다.

> "네가 찬송 받을 이의 아들, 그리스도냐?" 그리고 예수께서 말씀
> 하셨다. "나다(I am). 너희는 그 사람의 아들이 권능자의 우편에 앉
> 은 것과 하늘의 구름을 타고 오는 것을 보게 될 것이다." 그러자
> 대제사장은 자기 옷을 찢으며 말했다. "우리에게 무슨 증인들이
> 더 필요하겠소? 그가 신성 모독하는 말을 여러분이 들었소!" (막
> 14:61-63).

이 단락으로부터 우리는 몇 가지 핵심 사안들을 알게 된다.[6]
첫째, 앞서 살펴봤듯이, 예수께 있어서 "메시아"는 그 "사람의
아들"과 동일하다. 둘째, 그 사람의 아들이라고 주장하는 것은
대제사장에 의해 신성모독으로 여겨졌다. 따라서 이 주장은 메
시아 신분을 말하는 것일 뿐만 아니라 신성을 말하는 것이기도

---

6. 〔마가복음〕 14:61-64가 다니엘 7:13를 분명하게 암시하고 있다는 것이
   널리 인정되긴 하지만, 예수 스스로 메시아 신분 혹은 그 사람의 아
   들임을 주장하셨다는 개념을 받아들이지 않는 학자들은 이 구절들이
   예수의 진짜 말씀일 수 있음을 부정하거나(Lindars) 혹은 예수께서
   다른 누구에 대해 하신 말씀이라 이해했다(Bultmann)(13:25도 보라).
   그러나 마가에 의해 기록된 이 말씀의 의미는 분명 예수께서 자신에
   대해 말씀하고 계시다는 것이다.

하다. 예수께서 "나다"〔I am〕고 대답하실 때, 그것은 단순히 메시아 신분을 주장하는 것 그 이상으로 훨씬 더 나간 것이다. 이 "나다"〔*eigo eimi*〕는 모세가 〔여호와께〕 이름을 물었을 때, 바로 여호와〔YHVH〕께서 스스로를 부르신 표현이기 때문이다. "너는 이스라엘 자손에게 이르기를, '나다는 모세가 〔여호와께〕 이름을 물었을 때, 바로 여호와라고 하는 분이 너희에게 나를 보내셨다'라고 하라"(출 3:14). 유대인들의 대제사장이 이 암시를 놓쳤을 것이라 생각하기는 어렵다. 예수께서는 하나님의 아들, 그 사람의 아들, 그리고 하나님 그 자신임을 주장하고 계신 것이다. 이와 같은 표현은 단순히 진실 혹은 거짓 정도의 문제가 아니다. 이는 '진리냐 혹은 신성 모독이냐'의 문제이다.* 이것은 또한 마가복음 2장에서, 예수께서 죄를 사하는 신적인 특권을 주장하심으로 비난받았던 신성모독과 동일한 신성 모독이다. 셋째, 복음서(들)의 예수에게 쓰인, 다니엘서 7장에서 비롯된 "사람의 아들"이란 칭호는 고기독론적인 표현, 곧 신적인 구원자의 이름이다. 따라서 대제사장이 말한 신성모독에 해당한다.

대제사장은 분명 "그리스도," "하나님의 아들," 그리고 "사람의 아들"이란 용어의 뜻을 알고 있었다. 대제사장은 또한 예수께서 "나다"〔I am〕라고 말씀하신 것이 곧 여호와께서 "나다"〔I am〕라고 밝히신 이름을 가진 자임을 선언하신 것이란 점도 알고 있었다. 이 모든 용어들을 통해, 예수께서는 신성의 일부를

공유하고 있음을 주장하신 것이며 이에 따라 결국 신성모독의
혐의가 붙게 되었다.[7] 물론 그 사람의 아들 내러티브가 가진 다

---

*   미쉬나 싼헤드린 7:5에 따르면, 하나님의 이름을 언급하는 것은 곧
     신성 모독에 해당한다. 미쉬나보다 앞서 요세푸스와 쿰란 공동체 규
     율 모두 이러한 결론을 보였다. 그러므로 나는 예수께서 말씀하신
     "나다"(I Am)를 하나님의 이름을 가리키는 것으로—따라서 신성 모
     독으로 간주되었다고—이해하는 것이 설득력 있다고 주장하는 바이
     다. 하지만 많은 학자들은 이러한 주장에 반대하며 (예수의) "나다"(I
     Am)는 단순히 선언적인 문장일 뿐이지, 하나님의 이름을 단언하는
     것은 아니라며 맞선다(Adela Yarbro Collins, *Mark: A Commentary*, ed.
     Harold W. Attridge, Hermeneia—a Critical and Historical Commentary
     on the Bible [Minneapolis, MN: Fortress Press, 2007], 704-6을 보라).
     이 신성 모독은 필론의 신성 모독 정의와 연결지어 다르게 이해되어
     야 한다. Collins도 언급하듯이 필론의 정의는 미쉬나, 요세푸스, 쿰란
     의 정의보다 다소 덜 엄중하다(Adela Yarbro Collins, "The Charge of
     Blasphemy in Mark 14:64," *Journal for the Study of the New Testament*
     26, 4 [2004]: 379-401). 내 생각에는 이 사안에 대한 다른 팔레스타
     인 입장들과 가장 가까운 텍스트 해석이 우선시되어야 한다. 물론
     Yarbro Collins가 맞을 수도 있다. 그녀의 견해를 지지하는 것은 앞서
     논의한 마가복음 2장이다. 거기서 예수께서는 죄를 사하는 신적인
     특권을 가진 것처럼 사칭하여 신성 모독을 저질렀다는 명목으로 비
     난을 받는다. 하지만 심지어 필로의 이야기에서도, 신성 모독은 신적
     인 지위를 스스로에게 혹은 다른 인간에게 돌리는 것을 말한다. 따라
     서 내가 말하고자 하는 핵심은 신성 모독이 엄밀하게는 예수께서 스
     스로 신적인 지위를 주장하셨던 것에 달려있었다는 점이다. *eigo eimi*
     가 별 뜻 없는 표현이라 하더라도 예수께서 스스로를 그 사람의 아
     들에 빗대어 하늘의 구름을 타고 오실 것이라 하신 말씀은—대제사
     장의 반응에 따르면—신성 모독이었으며 신적인 지위를 주장한 것이

나 마찬가지였다. 요한복음 8:57-58과 비교해보라. "유대인들이 그에게 말했다. '당신은 아직 오십 세도 안 되었는데 아브라함을 봤다는 말입니까?' 예수께서 그들에게 이르시되, '내가 진실로 진실로 너희에게 이르노니, 아브라함이 나기 전부터 내가 있느니라〔I am, (eigo eimi)〕.' 그러자 그들이 돌을 들어서 예수를 치려고 하였다." 이것은 정확히 마가복음에서 일어난 사건과 같은 사건이다. 〔마가복음과 요한복음〕 두 복음서에서 예수는—여호와〔YHVH〕께서 스스로 명명하신 것과 같이—스스로 명명하심으로써 신적인 지위를 주장하신 분으로 이해된다. 돌로 치는 것은 신성 모독에 대하여 성경적으로 규정된 형벌이었기 때문에 사람들이 예수를 돌로 치려 한 것이다. 이것은—예수께서 스스로 밝히시는 것도 아니고, 그나마도 예수의 신적인 지위가 암시되는 정도에 그치긴 하지만—사도행전 7:56에서 스데반을 돌로 치게 만든 신성 모독과 정확히 같은 신성 모독이다. 내가 알기로는 예수 스스로가 아닌 다른 사람에 의해 "사람의 아들"이란 표현이 예수께 사용되는 곳은 이곳이 유일하다. 또한 이 장면은 그 사람의 아들이라고 주장하는 것이 얼마나 심각하게 비난받을 일인지를 보여주는데, 이는 곧 그 주장이 신성을 주장하는 것이라 할 때에만 비로소 이치에 맞는다.

7. 상당히 설득력 있는 Marcus의 글을 보라. Joel Marcus, "Mark 14:61: 'Are You the Messiah-Son-of-God?'" *Novum Testamentum* 31, no. 2 (April 1989): 139. 이 본문〔14:61-63〕과 8:31의 비교는 예수께서 "사람의 아들"—넓은 범위에서는 메시아와 동일하다—이란 용어를 사용하심으로 그분의 메시아 되심에 대한 의문에 답하신다는 것을 보여준다. 결정적으로 두 본문 모두에서 예수께서는 다니엘서의 배경을 불러 일으키고 계시기 때문에, "사람의 아들"이란 용어를 그러한 맥락에서 사용하신다고 할 수 있다. 이것은 일부 주석가들에 의해서 지적되는 문제 곧 베드로가 예수를 메시아로 고백했을 때, 예수께서 베드로에게 긍정적으로 대답하지 않으신다는 것에서 제기되는 문제를 미연에 방지해준다. Morna Hooker, *The Son of Man in Mark: A Study*

니엘서 출처가 직접적으로 암시되고 있음도 부정할 수 없다. 이 암시는 "하늘의 구름을 타고 오는 것"이란 표현으로 분명하게 표시되고 있다. 따라서 나는 이 평행이 나의 마가복음 8장 해석에도 타당한 근거를 제시한다고 생각한다. 마가복음 14:62에서 예수께서는 그 사람의 아들의 승귀를 언급하시는 한편, 8:31에서는 그 사람의 아들의 수치와 고난을 가리키신다—8:31은 이후 9:12에서 "기록된 바"란 표현과 함께 재인용된다. 따라서 이두 구절은 서로를 완성한다고 할 수 있다. 이 복음서 내러티브의 진행은 다음과 같은 방식으로 이루어진다.

- 예수께서 제자들에게 자신을 누구라 생각하는지 물어보신다.
- 베드로는 '예수께서는 메시아이십니다'라고 대답한다.
- 예수께서는 그 사람의 아들이 많은 고난을 받아야 한다고 대답하신다.
- 베드로는 이것을 부정한다(그는 고난받는 메시아를 수치스러워한다).
- 예수께서 베드로를 꾸짖으신다.
- 예수께서는 제자들을 불러 모으셔서, 베드로가 맹렬하게 꾸짖음

---

of the Background of the Term "Son of Man" and Its Use in St Mark's Gospel (Montreal: McGill University Press, 1967), 104-5. Hooker는 내 해석과 유사한 해석을 제시한다(112). 126도 보라.

받은 것으로부터 그들이 교훈을 얻게 하신다.

- 예수를 따르려는 모든 사람들은 십자가를 지고 예수와 같이 그들의 생명을 기꺼이 내어놓아야 한다.

- 그러나 누구든지 예수의 비하와 십자가 죽음을 부끄럽게 여기면, (예수께서 주장하셨던) 승귀된 그 사람의 아들도 천사들과 함께 영광 중에 오실 최후의 순간에 그들을 부끄럽게 여길 것이다 (다니엘 7장).[8]

예수께서 자신의 고난을 암시하신 것은 정확히 사람의 아들이란 칭호를 통해서이다. 다니엘 7장 후반부를 보면 그 사람의 아들이란 상징은 "지극히 높으신 이의 성도들"로 해석된다. 이 성도들은 일정 시간 넷째 짐승의 발에 부서뜨려질 것이나, 그리고 나서는 일어나 그 짐승을 무찌를 것이고 "나라를 얻고 그 나라를 영원하고 영원토록 누릴 것이다."[9] "그 사람의 아들

---

8.   이러한 재구성과 관련된 부분은 다음을 보라. Hooker, *Son of Man in Mark*, 118-19. 특히 120-22을 보라.

9.   C.H. Dodd, *According to the Scriptures: The Sub-Structure of New Testament Theology* (London: Nisbet, 1952), 116-19. Dodd는 이 주제가 하나님의 거룩한 백성들(집단적인 개체)에서 예수(개인)로 옮겨진 것을, "예수는 하나님의 백성을 담고 있는 대표라고 생각한 소위 기독교 주해 전통"의 탓으로 돌린다. '기독교' 주해 전통은 그 시작점을 다니엘 7장에 두고 있는데, 여기에는 메시아를 읽어내는 전통 역시 포함되어 있다. 다니엘 7장은 이사야 53장 고난받는 종, 시편의 고난

이 많은 고난을 당해야 하며 버림을 받아야 한다"는 표현은 이
사야 53:3과 평행하는 암시 구절인 것은 분명 의심할 여지가
없다. 이사야 53:3에서 우리는 주의 고난받는 종이 "멸시를 받
아 사람들에게 버림받는다"는 이야기를 듣게 된다. 앞서 살펴
봤듯이, 이것은 메시아에 관한 매우 설득력 있는 독법이다. 우
리는 또한 이러한 배경을 가진 다른 성경 텍스트들, 특히 탄원
시편들도 염두에 두어야 한다. 따라서 우리는 이러한 개념으로
이어지는 기독교인들 특유의 읽기 방식을 상정할 필요가 없다.
다시 말하지만, 초기 유대인들의 주된 성경 주해 방식은 미드라
쉬였다. 미드라쉬는 새로운 교훈이나 내러티브를 이끌어 내기
위해서 성경 곳곳에서 관련 있는 (혹 심지어 겉보기에 연관되
지 않는) 단락이나 구절들을 연결짓는 것을 말한다. 지금 우리
가 살펴보는 것 역시 이 미드라쉬라 할 수 있다.

이런 예언적인 텍스트들과 다니엘서의 그 사람의 아들과의
연결은 분명 고난받는 예수에 관한 연구(기독론)의 온전한 발전
을 가능하게 만들었고, 예수의 죽음(과 승귀)도 이에 따라 해석
되었다. 다르게 표현하자면 예수의 고난과 죽음 이전에 이사야
선지자가 예언한 것처럼, 유대인들이 죄인을 대신해 받는 메시

받는 의인과 함께 자연스럽게 미드라쉬 방식을 통해 연결되었다. 그
러나 나는 이것은 특정한 기독교 주해 전통이 아니라, 예수와는 상관
없이 남아있는 유대 전통일 가능성이 충분히 있다고 생각한다.

아의 고난과 속죄하는 죽음이란 견해를 가지고 있었다고 가정하는 것은, 기독교인들이 〔십자가 사건〕 이후에 〔그 이야기들을〕 만들어낸 것이라고 가정하는 것만큼이나 개연성이 있다. 다시 말해 우리는 "사람의 아들은 많은 고난을 받아야 한다"는 개념이 이미 자리 잡힌 상태에서, 메시아 대망을 완전히 충족시키시며 자신을 살피시고 그리시며 나타내시는 예수를 보게 된다.

예수 시대 유대인들은 구원자를 기대하고 있었다. 유대인들이 로마의 지배 아래서 받는 고난은 너무나도 커보였고, 그런 그들을 위해 구원자가 예언된 바 있었다. 적어도 일부 유대인들—에녹의 비유 이후 유대인들 그리고 예수 시대 유대인들—은 다니엘서를 세밀하게 읽으면서, 구원자는 그 사람의 아들이라 불리는 신적인 인물일 것이며 또한 인간으로 이 땅에 와서 억압받는 유대인들을 구원하고 그 주권으로 세계를 다스릴 것이라 추측했다. 그리고 많은 사람들에게 예수는 그 모든 조건을 충족시키는 인물로 보였다. 예수의 삶과 죽음은 옛 책들〔성경〕과 전통들을 통해 메시아, 사람의 아들에 관하여 예언된 것을 정확히 성취한 것이란 주장이 펼쳐졌다. 그러한 구원에 대한 기대가 지연되고 더 많은 이방인들이 이 공동체에 유입된 것이 곧 교회의 이야기, 기독교의 이야기이다. 이 이야기를 촉발시킨 것은 결코 메시아의 고난과 죽음이 아니다. 이는 우리가 복음서를 다니엘서와 밀접하게 연관지어 읽음으로 확인하게 될 것이다.

다니엘서와의 연관성은 마가복음 9:31에 나타나는 평행 본
문, 곧 제자들을 향한 예수님의 가르침을 살펴볼 때 더욱 분명
해 보인다.

[30] 그들은 거기에서 나와서, 갈릴리를 가로질러 가고 있었다. 예
수께서는 이것을 아무에게도 알리려고 하지 않으셨다. [31] 예수
께서 제자들을 가르치시며 "그 사람의 아들이 사람들의 손에 넘어
가고, 사람들이 그를 죽일 것이다. 그가 죽임을 당하고 삼일 후에
살아날 것이다"라고 말씀하셨기 때문이다. [32] 그러나 제자들은
그 말씀을 깨닫지 못했고 그분께 묻기조차 두려워하였다. (막
9:30-32).

이와 같이 메시아에 맞서는 대적이 일어날 것이란 이야기
는 다니엘 7장 후반부를 미드라쉬로 읽음으로써도 분명 이끌어
낼 수 있다.

[25] 그가 지극히 높으신 이를 대적하여 말하며 또 지극히 높으신
이의 성도들을 괴롭게 할 것이며, 그가 또 때와 법을 바꾸려고 할
것이다. 성도들은 한 때와 두 때와 반 때까지 그의 손에 붙인 바 될
것이다. [26] 그러나 심판이 내려서, 그는 권세를 빼앗기고 끝내
파괴되고 멸망할 것이다. [27] 나라와 권세와 온 천하 나라들의 위

세가 지극히 높으신 이의 성도들에게 돌아갈 것이다. 그의 나라는 영원한 나라요, 모든 권세들이 그를 섬기며 복종할 것이다. (단 7:25-27).

다니엘 7장 후반부를 따라 그 사람의 아들을 이스라엘 백성으로 읽은 유대인들은, 초반부 환상에서 분명히 드러나는 신성에 대한 암시들을 해명하기 위해 일부 〔해석을〕 조화시키는 작업을 해야 했다. 반대로 "지극히 높으신 이의 성도들"을 신성을 지닌 메시아로 이해하며 그 사람의 아들의 신성을 찬양했던 유대인들은 그러한 초반부에 대한 자신들의 해석을 따라, 7장 후반부를 설명하기 위한 〔해석상의〕 조화 작업에 적잖은 어려움을 겪었다. 여기서 "한 때 두 때 반 때"라 불리는 예정된 기간 동안 악한 자에게 넘겨지는 것이 바로 그리스도 예수라 할 수 있다. 이러한 메시아 이야기는 성경을 읽는 독자 공동체들의 종교 역사 안에서 갑작스레 혁명처럼 등장한 것이 아니었다. 오히려 다니엘 7장을 신-인간 메시아에 관한 이야기로 읽었던 전통에서 나온 자연스러운 결과라 할 수 있다.[10] "삼일 안에"〔in three days〕

10. 나는 다니엘서 자료를 고난받는 메시아, 심지어 죽은 뒤 부활하는 메시아와 연관시켜 읽는 이 특정한 독법이 복음서 밖에서도 나타났다는 〔초기〕증거를 본 적이 없다. 동시에 나는 그것이 이 특정한 유대 메시아 운동에 맞아 떨어지지 않는다고 생각할 근거를 찾지 못했다. (그러나 앞으로 보게 되겠지만, 메시아를 읽어내는 이러한 독법은 후

라고 말하는 이후의 복음서 저자들과는 반대로, "삼일 후에"(after three days) 예수 부활을 말하는 마가의 설명 역시 이 다니엘서 구절을 세밀히 읽은 결과일 수 있다. 왜냐하면 만약 승귀 전 예수의 고난이 "한 때 두 때 반 때"—다니엘 7장을 보면 이 기간 동안 그 사람의 아들과 같은 이가 고난을 받는다—로부터 나온 것이라면, 그리고 만약 이 "때"라는 것을 날(일, days)로 보게 된다면, 그렇다면 예수께서 한 날, 두 날, 그리고 한 날의 일부, 다시 말해 삼일 후에 살아나신 것과 맞닿는다. 물론 이것은 추론의 영역이다.

"그에 대해 기록되기를": 마가복음 9:11-13

예수의 이야기와 제자들에게 나타난 그분의 점진적인 자기 계시는 계속해서 성경으로—성경에 대한 미드라쉬로—되돌아간다. 마가복음 9:11-13에서 예수와 그분의 제자들이 나눈 이야기는 예수께서 산에서 변형되시고 난 뒤의 이야기이다. 따라서 이 이야기는 마가복음에서 매우 강조되고 있는 부분이며 절정의 순간이라 할 수 있다. 특별히 기독론에 관해서 말하고 있는

대 랍비 유대교에게 있어서 전혀 낯선 것이 아니었다.) 본서 2장에서 논의했듯이, 『에스라4서』에서 메시아에 대항하여 대적이 일어난다는 것과, 이 대적이 결국 메시아에게 영원히 패배당한다는 것을 주목할 필요가 있다.

이 단락은 지금까지도 대부분의 주석가들을 적잖이 당황케 만들고 있다. 하지만 우리는 이 단락을 고난받는 메시아에 대한 유대 전통의 중요한 일부로 볼 때, 〔이 단락이〕 가장 잘 이해될 수 있다는 것을 확인하게 될 것이다. 다음의 구절들—(적어도) 그 광경 안에선 모세와 엘리야와 예수께서 매우 친밀한 관계로 나타났던 변형 사건 그 이후 구절들—은 이 단락을 이해하는데 있어서 필요한 근접 문맥이다.

[9] 그들이 산에서 내려올 때에 예수께서 그들에게 명령하시되 "그 사람의 아들이 죽은 자들 가운데서 살아날 때까지는 본 것을 아무에게도 말하지 말라"고 하셨다. [10] 그들은 이 말씀을 간직하고 죽은 자들로부터 살아난다는 것이 무슨 뜻인지 물었다. [11] 그리고 그들은 예수께 물었다. "어찌하여 서기관들은 엘리야가 먼저 와야 한다고 합니까?" [12] 예수께서 그들에게 말씀하셨다. "엘리야가 먼저 와서 모든 것을 회복하게 된다. 그런데 그 사람의 아들이 많은 고난을 받고 멸시를 당할 것이라고 기록된 것은 어찌 된 일이냐?[11] [13] 그러나 내가 너희에게 말한다. 엘리야가 왔다. 그리고 그에 대해 기록된 대로 사람들은 그들이 하고 싶은 대로 그를

---

11. 이 구두점은 Wellhausen을 따른 것이다. Joel Marcus, *The Way of the Lord: Christological Exegesis of the Old Testament in the Gospel of Mark* (Louisville, KY: Westminster/John Knox Press, 1992), 99.

대하였다." (막 9:9-13).

많은 주석가들이 지적해왔듯이 이 단락은 큰 어려움을 일
으킨다. 성경에는 엘리야가 잘못된 대우를 받게 될 것이란 기록
이 없다. 그런데 도대체 어떤 근거로 복음서는 "그에 대해 기록
된 대로"라고 말하는가?[12] 더욱이 조엘 마커스가 지적한 대로
"만일 엘리야가 모든 것을 회복하게 된다면, 어떻게 인간들에
의해 멸시받는 메시아—받게 될 고난과 멸시가 성경에 이미 예
언된 메시아—를 생각할 수 있는가(9:12c)? 두 가지 예상이 서
로 모순되어 보인다."[13] 마커스가 여기서 현명하게 움직인 것
은, 바로 이것이 복음서 텍스트의 결함이 아니라, 복음서의 목
적[vocation]임을 깨달은 것이다.[14] 이러한 모순은 복음서 텍스트
가 무엇을 말하고자 하는지를 보여주는 것이다. 흔히 말하듯 복
음서의 "결함"이 아니라 오히려 복음성의 특징이라 할 수 있다.

---

12.   Ibid., 97.

13.   Ibid., 100.

14.   Marcus가 훌륭하게 통찰해 낸 것은 바로 복음서가 이 모순을 다루고
      있다는 점이다. 그는 논의의 도입부에서는 "두 절이 서로 모순된다"
      는 탄나임 규칙을 (Dahl을 통해) 인용함으로써 다소 화제를 벗어나
      기도 한다. 올바른 비교 대상은 메킬타[Mekhilta]의 미드라쉬 형식인
      데, 이는 이후에 나타난다. 이 초기의 혼돈에 따른 몇몇 결론들은 아
      래를 보라.

여기서 우리는 미드라쉬 형식의 표준과 매우 비슷한 내용을 보게 된다. 제자들의 질문은 "어찌하여 엘리야가 먼저 올 것이라고 기록되었습니까?"가 아니었다. 제자들은 "어찌하여 서기관들은 엘리야가 먼저 올 것이라고 말합니까? 〔왜냐하면〕 만약 그들이 말한 것이 옳다면, 어찌하여 그 사람의 아들은 많은 고난을 받게 될 것이라고 기록되었습니까?"라고 물은 것이다. 즉 제자들은 예수께서 가리키신 구절과, 서기관들의 진술 사이의 모순을 지적하고 있는 것이다.[15]

제자들은 9-11절에서 예수를 아주 잘 이해하고 있었다. 제자들은 그들에게 밝혀진 것이 곧 예수께서 그 사람의 아들이시라는 것도 알고 있었고, 그것이 어떤 의미인지도 알고 있었다. 예수께서 말씀하신 대로 그 사람의 아들이 고난을 받을 것이란 것이 실제로 기록되어 있었음에도 불구하고, 제자들은 언제나 그랬듯이 예수께서 고난을 받게 될 것이란 사실에 놀란 것이다. 결국 9장의 후반부인 9:30을 보면, 제자들은 예수의 예언, 곧 자신이 인간들에게 넘겨져 죽임을 당할 것이고 그리고 다시 살아나실 것이란 예언을 여전히 이해하지 못하고 있다. 또한 제자들은 메시아이신 예수께서는 오셨는데도 엘리야는 온 것 같지 않아서 당혹스러워 했다. 서기관들은 메시아보다 앞서 엘리야

15.　여기서부터 나는 Marcus의 견해를 상당히 따른다. Marcus, *Way of the Lord*, 106.

가 올 것이고 엘리야가 모든 것을 회복하게 될 것이라 말했기
때문이다.

예수의 대답은 시의적절하다.

[11] 그리고 그들은 예수께 물었다. "어찌하여 서기관들은 엘리야
가 먼저 와야 한다고 합니까?" [12] 예수께서 그들에게 말씀하셨
다. "엘리야가 먼저 와서 모든 것을 회복하게 된다. 그런데 그 사
람의 아들이 많은 고난을 받고 멸시를 당할 것이라고 기록된 것은
어찌 된 일이냐? [13] 그러나 내가 너희에게 말한다. 엘리야가 왔
다. 그리고 그에 대해 기록된 대로 사람들은 그들이 하고 싶은 대
로 그를 대하였다." (막 9:11-13).

서기관들은 그 사람의 아들보다 앞서 오는 엘리야가 모든
것을 회복하게 될 것이라 말했다. 그렇다면 어떻게 그 사람의
아들이 고난을 받게 될 수 있는가? 예수께서는 다음과 같이 대
답하신다. "선지서는 정말로 엘리야가 모든 것을 회복하게 될
것이라 말하는가? 정말로 그렇다 한다면 어떻게 그 사람의 아
들이 많은 고난을 받게 될 것이라 기록될 수 있었겠는가? 아니
다". 예수께서는 (정확하게) 단언하신다. "그것은 엘리야가 모
든 것을 회복하게 될 것이라고 말하는 게 아니다. 그런 생각을
지어낸 것은 바로 서기관들이다. 그리고 서기관들이 엘리야가

온다고 해석한 부분도 틀렸다. 모든 것은 회복될 것이다. 그러
나 엘리야가 아니라 그 사람의 아들에 의해서 회복될 것이며,
또한 이 일은 말라기에 분명히 기록된 대로 주의 날에 끔찍한
고난을 겪고 난 후에야 있을 것이다." 이제 답은 분명해졌다.
(마태복음에 분명하게 드러나 있듯이) 엘리야는 세례 요한의
모습으로 이미 왔다. 앞서 온 그에게 사람들은 그들이 하고 싶
은 대로 대했다.[16] 세례 요한이 받은 고난은 그 사람의 아들이
받게 될 고난의 예표가 된다. 이로써 제자들은 그들이 의문을
가졌던 것에 모두 대답을 얻었다. 예수께서는 서기관들과 바리
새인들의 판인 미드라쉬에서 그들을 무너뜨리시고, 일전에 우
리가 직면했던 할라카 논의 안에서 등장하신다. 그 사람의 아들
의 고난이란 개념은 외부에서 유대교로 들여온 개념이 아니다.
사실은 유대교(안)의 궤적이라 할 수 있다.

우리는 마가복음의 다른 어떤 곳에서보다 이 단락에서 유

---

16. 어떤 면에선 마태복음의 평행본문이 두 경우 모두에서 "기록된 대
로"라는 중요한 진술을 생략함으로써, 마가복음과는 상당히 다른
방향으로 가고 있다는 것을 주목할 필요가 있다. 마태복음에는 미
드라쉬가 전혀 없다. 이 본문을 두고 두 복음서가 드러내는 차이점
을 보려면 다음을 보라. W. D. Davies, Dale C. *Allison Jr., A Critical
and Exegetical Commentary on the Gospel According to Saint Matthew*,
International Critical Commentary (Edinburgh: T & T Clark, 1988), 712.
Marcus와 내가 맞다면, 마가복음은 이 지점에 있어서 마태복음보다
훨씬 더 유대인의 해석학적 형식에 가깝다.

대인의 성경 해석법, 곧 미드라쉬의 배경을 분명히 확인할 수 있다. 독자들을 위해 한 번 더 말하자면, 미드라쉬는 성경 속 어떤 구절의 의미를 결정짓기 위해서, 다른 구절들, 다른 단락들의 맥락과 연결지어 확장시키는 방법이다. 여기서 우리가 보고 있는 단락은, 탄나임 미드라쉬의 한 유형—하나의 절이 인용되고 그 주해가 제공된다. 또 모순되는 다른 절이 인용되고 처음의 그 주해는 수정되거나 버려진다—과 그 형식이 매우 유사하다.[17] 이것은 복음서들이 혹 최소한 마가복음은, 그 이야기를 듣는 세대를 위해서—특히 그 사람의 아들과 관련되어 현재 이루

---

17. Marcus, *Way of the Lord*, 108. 진실을 말하자면, 탄나임 문헌 안에서 첫 번째 경우(처음 주해를 수정하는 경우)가 훨씬 더 빈번하게 나타난다. 하지만 제시된 해석이 버려지는 두 번째 경우도 또한 분명히 나타난다. 내 생각엔 "기록된 대로" 그 사람의 아들이 고난을 받게 될 것이라고 말하는 것은 완전히 개연성 있는 성경적인 추론이다. Marcus는 개별적인 두 미드라쉬 형식에 대한 혼동으로 인해 약간의 오해를 하고 있다. (1) 서로 모순되는 두 절은 조화되어야 한다. (2) 해석의 이동이 암시하는 바와 모순되는 절은 이후 반박될 수 있다(Marcus가 정확하게 인용한 메킬타 본문에서와 같이). Marcus가 "여기서 성경 본문을 다루는 해석학적 규칙은 기독교 미드라쉬에 해당한다"고 주장할 수 있었던 이유는 단지 이에 대한 혼동 때문이었다. 더욱이 여기서 예수로 인해 반박되는 것은 바로 서기관들의 미드라쉬이다. 여기서 굳이 마가가 서툰 탓이라고 말할 필요 없게 만드는 것이 Marcus 해석의 장점이다(참조, Davies and Allison, *Critical*, 710). 그럼에도 불구하고 여기서의 핵심은 마가의 본문이 더 어렵게 읽기(*lectio difficilior*)라는 입장 위에 세워져 있다.

고자 하는 목적을 위해서— 미드라쉬 형식에 매우 가까운 방식으로 말하고 있다는 주장을 강하게 지지한다. 다시 한번 우리는 여기서 고난받는 메시아란 개념이 유대인들의 감수성에서 전혀 낯선 개념이 아니란 증거를 보게 된다. 그들이 가진 메시아 대망과 기대는, 예수께서 하신 것처럼 성경을 세밀히 읽는 이와 같은 방식들로부터 나온 것이다. 그 사람의 아들과 예수의 운명 사이에 나타나는 이러한 동일화 작업은 (앞서 논의했던) 14장—예수께서 십자가에 달리시기 전에 대제사장들이 그분의 메시아 정체성에 관해 묻고, 예수께서는 (처음으로) 공개적으로 자신이 하나님의 아들, 메시아, 그리고 하늘의 구름을 타고 오실 그 사람의 아들이심을 고백하시는 부분—에서 절정에 다다른다.

이사야의 "고난받는 종"을 메시아로 보는 유대 전통

우리의 죄를 속죄하려 고난받는 메시아는 유대인들의 종교 역사 동안 내내—심지어 기독교와 분리되고 난 한참 뒤에도—친숙한 개념이었다. 고난받는 메시아 개념은 고대 유대교, 중세 유대교, 그리고 근대 초기 유대교에도 존재한다. 이러한 사실은 적어도 예수의 추종자들이 이러한 개념을 형성하고 수용한 결과 필연적으로 이스라엘 종교와 절대적인 구분점이 만들어졌다는 통념에 의문을 제기한다. 고난받는 메시아는 고대부터 근

대까지 유대 전통에 있어서 중요한 부분이다. 그렇다면 복음서
가 유대 전통에 의존하고 있다고 말할 수 있을 뿐만 아니라, 고
대 후기 기독교가 분리되어 갈라진 이후에도 한참 동안 이 개
념이 유대 전통으로 남아 있었다고 말할 수 있다.

이러한 견해에 대한 많은 증거 조각들 중 하나는 바로 유대
인 주석가들이 어떻게 이사야 53장을 해석해 왔는지라 할 수
있다.

[1] 우리가 들은 것을 누가 믿었는가? 주의 팔이 누구에게 나타났
는가? [2] 그는 주 앞에서 연한 순과 같이, 마른 땅에서 나온 싹과
같이 자라서, 그에게는 모양도 없고 위엄도 없으니, 우리가 흠모할
만한 모습이 전혀 없다. [3] 그는 사람들에게 멸시를 받고 버림을
받았으며, 고난을 많이 겪었으며 질고를 잘 아는 자이다. 마치 사
람들이 그에게서 얼굴을 가리는 것 같이 멸시를 받았고 우리도 그
를 귀히 여기지 않았다. [4] 그는 실로 우리의 질고를 지고 우리의
질병을 당하였다. 그러나 우리는 그가 하나님께 맞고 쓰러져 고난
을 당한다고 여겼다. [5] 그러나 그가 상처 입은 것은 우리의 범죄
때문이고, 부서진 것은 우리의 죄악 때문이다. 그가 형벌을 받음으
로 우리가 온전해지고 그의 상처로 우리가 나음을 받았다. [6] 우
리는 다 양 같아서 길을 잃고 각기 제 갈 길로 갔으나, 주께서 우리
의 모든 죄악을 그에게 지우셨다. [7] 그는 짓눌리며 고통받았으나

그의 입을 열지 않았다. 마치 도살장으로 끌려가는 어린 양처럼, 마치 털 깎는 자 앞에서 잠잠한 양처럼, 그의 입을 열지 않았다. [8] 정의가 왜곡되어 그가 끌려 갔으니 누가 그의 장래를 생각할 수 있었겠는가? 이는 그가 살아 있는 이들의 땅에서 끊어졌고 내 백성의 범죄로 무너졌기 때문이다. [9] 그는 폭력을 행하지 않았고 그의 입에는 거짓도 없었으나, 그들은 악한 자들과 함께 있을 그의 무덤을 만들었고 부유한 자들과 함께 있을 그의 묘실을 만들었다. [10] 그가 고통으로 무너지게 되는 것은 주의 뜻이었다. 당신께서 그의 생명을 죄를 위한 제물로 만든다면, 그가 그의 자손을 볼 것이며 그의 날이 길 것이다. 또 그를 통해 주의 뜻이 성취될 것이다. [11] 고난으로부터 그는 빛을 보게 될 것이며, 그의 지식을 통해 그는 만족하게 될 것이다. 나의 의로운 종이 많은 사람을 의롭게 할 것이며, 그는 그들의 죄악을 담당할 것이다. [12] 그러므로 내가 그에게 존귀한 자와 함께 몫을 받게 하며 강한 자와 함께 탈취한 것을 나누게 할 것이다. 그가 죽는 데까지 스스로를 내맡겼고 죄인들과 같이 여김을 받았기 때문이다. 그러나 그가 많은 사람의 죄를 담당하며 죄인들을 위하여 중재에 나섰다. (사 53:1-12).

나는 이 본문에 대한 해석이 유대교와 메시아 신앙(Messianism)과의 관계에 대한 전통적인 견해에 어느 정도 결부되어 왔는지 과장할 생각이 없다. 일반적으로 유대인들은 고난받는 종이 이스라엘 백성을 가리키는 것으로 이해하며 언제나 이 본문을 비유적으로 읽어왔고, 또한 기독교인들은 고난받는 종이 예수를 가리킨다며 그 의미를 뒤틀고 변화시켰다고 현대인들은 가정해왔다. 이와는 상당히 대조적으로 오늘날 우리는 거의 현대 시기에 이르기까지 수많은—어쩌면 심지어 대부분의—유대인 권위자들이 이사야 53장을 메시아에 관한 내용으로 읽어왔다는 것을 알고 있다. 지난 몇 세기 전까지만 해도 알레고리적으로 읽는 것은 소수의 입장에 불과했다.

오리겐의 『켈수스를 논박함』(*Contra Celsum*)에서 매우 중요한—하지만 완전히 특별한—하나의 논의를 제외하고는, 고대 후기 그 어떤 유대인도 이사야 52-53장이 메시아가 아닌 다른 인물을 가리키는 것으로 읽었다는 증거가 없다.[18] 다른 한편으로 고대 랍비들이 [그 본문을] 메시아와 그가 받는 고난에 대한 노래로 읽었다는 증거들은 상당수 존재한다.

팔레스타인 탈무드가 "그리고 그 땅이 애통해 할 것이다"(스가랴 12:12)란 성경 구절에 대해 주석을 단 것을 보면 두 아모라임의 의견을 인용하는데, 그 중 한 명은 "이것은 메시아를 향한 애통이다"라고 해석하고, 또 다른 한명은 그러한 해석에 반대하며 (메시아 시대에 사라진) 성적인 욕구에 관한 애통

---

18. Origen, *Contra Cekum*, trans, with an introduction and notes by Henry Chadwick (Cambridge: Cambridge University Press, 1965), 50.

함이라고 주장한다(팔레스타인 탈무드 쑥카 5:2 55b).[19] 또한

---

19. 거의 확실히 이 버전은 애통함의 대상이 요셉의 자손 메시아라고 말
    하는 바빌론 탈무드 평행본문보다 이전 시기의 것이다. 바빌론 탈
    무드와 이후 문헌들에서만 알려진 이 대안적 메시아는 더 초기 전
    승들—이 초기 전승들 안에서 메시아는 고난을 받거나 죽임을 당한
    다. 이는 팔레스타인 버전의 전승과는 관련이 없다—에 대한 암시를
    피하기 위한, 일종의 변증 방식을 상징하는 것으로 보인다. David C.
    Mitchell, "Rabbi Dosa and the Rabbis Differ: Messiah Ben Joseph in the
    Babylonian Talmud," *Review of Rabbinic Judaism* 8, no.1 (2005): 77-
    90. 랍비 자료에 대한 그의 해석은 이보다 더 틀릴 수는 없다고 할 정
    도다. 그는 팔레스타인 탈무드가 "두 아모라임"이라고 분명히 말하
    고 있음에도 불구하고 그것이 탄나임 문헌이라고 주장한다. 또한 그
    는 바빌론 탈무드를 일차적인 자료로 팔레스타인 탈무드를 이차적
    인 자료로 생각한다. 그는 말씀이 랍비 도사(Dosa)의 이름으로 인
    용되면, 그것이 성전이 있었던 시기에 살았던 인물이 실제 말한 것
    을 의미한다고 여기는 것 같다. 끝으로 그가 아모라임이 분명하게 명
    시된 문헌도 탄나임 것이라고 주장하는 이유는 단지, 그 어휘가 히브
    리어이고 모든 히브리어 텍스트는 **당연히** 팔레스타인에서 주후 200
    년 전에 나온 것이기 때문이라고 한다. 나는 고대 후기 이전 시기에
    요셉의 자손, 메시아에 대한 어떠한 증거도 알지 못한다. 주전 1세기
    『가브리엘 계시록』(Hazon Gabriel)에서 하나의 사례를 발견할 수 있다
    는 주장은 상당히 의심스럽다. 왜냐하면 이러한 발견은 아주 의심스
    러운 독법에 의존하고 있기 때문이다. Israel Knohl, "The Apocalyptic
    and Messianic Dimensions of the Gabriel Revelation in Their Historical
    Context," *Hazon Gabriel: New Readings of the Gabriel Revelation*, ed.
    Matthias Henze, Early Judaism and Its Literature, 29 (Atlanta: Society of
    Biblical Literature, 2011), 43. 이 새롭게 발견된 문헌 II. 16-17에서 어
    쩌면 에브라임을 읽어낼 수 있을지도 모르겠으나 이마저도 의심스럽
    기는 마찬가지이며, 실제로 일부 금석학 전문가들(epigraphers)의 의견

바빌론 탈무드에도 그와 같은 전통이 있다. 따라서 (더 이른 시

에 따르면 가능하지 않다. Elisha Qimron and Alexey Yuditsky, "Notes on the So-Called Gabriel Vision Inscription," *Hazon Gabriel: New Readings of the Gabriel Revelation*, ed. Matthias Henze, Early Judaism and Its Literature, 29 (Atlanta: Society of Biblical Literature, 2011), 34. 이것은 두 번째 메시아의 근거로서는 다소 빈약한 해석[원문 그대로임〔sic〕]으로 보인다. 문헌에서 그것이 입증되기까지는 수백 년의 시간이 걸리지 않을까 싶다. 또한 Adela Yarbro Collins와 John J. Collins가 같은 책에서 이 입장을 강화하기 위해서 쓴 것을 보라. 만일 팔레스타인 탈무드가 죽는 메시아를 떠올릴 수 있었다고 한다면, 그것은 〔우리가 말하는 바로〕 그 메시아이지, 두 번째 혹은 다른 메시아는 아닐 것이다. 랍비 문헌에서 "전쟁의 메시아"〔War Messiah〕라고 추정되는 존재는 근거없는 환상임에 주목하라. "전쟁을 위해 기름 부음을 받은 자—*mashiah*가 아니라 *mashuah*—는 특별한 제사장을 뜻한다. 단지 그뿐이다. 랍비 문헌 안에서 그 용어가 나타나는 모든 사례를 연구한 결과가 이를 분명히 단언한다. Holger Zellentin의 바빌론 탈무드 본문 해석은 기독교의 수난 이야기에 대한 암시를 발견하는 데에 있어 몇 가지 유익한 점이 있다. 하지만 더 이른 시기 이중적인 메시아 이야기에 근거한 그의 주장은 나에겐 극도로 불안정해 보인다. Holger Zellentin, "Rabbinizing Jesus, Christianizing the Son of David: The Bavli's Approach to the Secondary Messiah Traditions," in *Discussing Cultural Influences: Text, Context and Non-Text in Rabbinic Judaism*, ed. Rivka Ulmer, Studies in Judaism (Lanham, MD: University Press of America, 2007), 99-127. 확실히 바빌론 탈무드가 여기서의 개념을 만들어 낸 것처럼 보이진 않고 아마도 잘 알려진 어떤 존재를 반영하는 것처럼 보인다. 하지만 현존해 있는 어떤 문헌에서도 선행하는 증거는 없다. 그러므로 팔레스타인 탈무드가 메시아가 죽는다고 말할 때, 그것은 오직 그 메시아를 의미할 뿐이라고 할 수 있다.

기일 가능성이 높지만) 주후 4세기부터 6세기까지도 〔그러한 해석이 있었음이〕 입증되었다고 할 수 있다. 가장 잘 알려져 있는 명백한 사례로는 싼헤드린〔Sanhedrin〕 98b가 있다. 그 탈무드는 메시아를 가리키며 공공연히 묻는다. "그의 이름은 무엇인가?" 그리고 서로 다른 랍비들로부터 다양한 이름들이 제시된다. 몇몇 서로 다른 견해들이 나타난 후에, 우리는 "그리고 그 랍비들이 말하기를, 랍비 집의 '나병환자'가 그의 이름이다. 그 말씀이 '보라 그가 우리의 질병을 당하였고[20] 우리의 고통을 겪었다. 우리는 그가 하나님께 맞고 쓰러져 고난을 당한다고 여겼다'(이사야 53:4)라고 말했기 때문이다"라는 내용을 보게 된다. 여기서 우리는 다른 이들을 대신해 받는 메시아의 고난과, 그 개념과 결부되는 이사야 53장의 사용 모두를 보게 된다. 이 미드라쉬(혹은 그것과 매우 비슷한 해석)는 애통한 이미지 뒤에 숨어서, 가난한 자들과 고통스런 질병을 겪는 사람들에 섞여 로마의 문 앞에 앉아있는 메시아에 대한 탈무드 딱 한 페이지 앞에서 등장한다. 그들 모두는 그들의 띠〔붕대〕를 한번에 풀었다가 동여맨다. 그리고 그는 "아마도 내가 필요할 것이다. 나는 지

---

20. 여기서 "질병"이란 단어는 랍비 문헌 전체에서 "나병"을 의미하며, 제롬에 의해서도 그렇게 번역된다〔leprosus〕. 이에 대해서는 다음의 자료를 보라. Adolph Neubauer, *The Fifty-Third Chapter of Isaiah According to the Jewish Interpreters* (Oxford: J. Parker, 1876-1877), 6.

체하고 싶지 않다"라고 말하며, 그것들을 하나씩 풀고 동여맨
다. 따라서 메시아 역시 자신의 구원하는 사명을 염두에 두고,
로마의 병자들과 가난한 자들이 겪는 것과 동일한 질병과 고통
스런 고난을 겪는다.

또 다른 고전 랍비문헌은 아마도 이러한 전통에 대한 가장
초기의 증거일 수 있다.[21]

> 랍비 요세 하겔릴리(Yose Hagelili)는 말했다. "나가서 왕 되신 메시
> 아께 드릴 찬송과, 첫째 아담으로부터 나온 의인의 대가를 배우라.
> 그가 단 하나의 '너는 … 하지 말라' 명령을 받았으나 그것을 어겼
> 다. 모든 세대의 끝 날에 이르기까지 그와 그의 자손들과 그의 자
> 손의 자손들이 얼마나 많은 죽음을 맞게 되었는지 보라. 지금 하
> 나님의 속성들 중 어느 것이 다른 것들보다 더 위대한가? 자비의
> 속성인가? 징벌(응보)의 속성인가? 선하심의 속성이 더 위대하고
> 징벌(응보)의 속성이 덜하다는 것을 선포하라! 왕 되신 메시아께서
> 죄인들을 위하여 금식하고 괴로움을 당하신다. 이르기를, '그리고
> 그가 우리의 죄를 위하여 아프게 되었다.' 그는 모든 세대를 위하
> 여 점점 더 많은 승리를 거두실 것이다. 이르기를, '그리고 주께서

---

21. 하지만 이것이 오직 (13세기 도미니크회 수도사의) 논쟁적인 증언을
    통해서만 알려진 것이기 때문에, 의심의 여지가 있다.

모든 죄에 대한 벌을 그에게 내리셨다.'"[22]

이 텍스트에 문제가 없다고 한다면, 그렇다면 우리는 3세기까지 랍비 독자들이 고난받는 종을, 인간의 죄를 속죄하기 위해 대신하여 고난을 받는 메시아로 이해했다는 분명한 증거를 갖게 된다.

또한 다양한 중세 유대 주석가들이 있었고, 그 중에는 랍비 유대교 변두리에 있던 (그러나 기독교로 기울었다는 의심이 가진 않는) 인물들도 있었는데, 이를테면 카라임〔Karaite〕 예페트 벤 알리〔Yefet ben Ali〕가 있다. 그는 분명 이사야 본문의 고난받는 종이 메시아에 관한 내용이라고 이해했다.[23] 근대 초기 카발리스트 랍비이자, 이견 없이 "정통" 랍비 유대교의 스승이라 여겨

---

22. Raymondo Martini, *Pugio Fidei, Cum Observationibus Josephi de Voisin, et Introductione J. B. Carpzovj, Qui Appendi- cis Loco Hermanni Judcei Opusculum De Sua Conversion Ex Mscto ... Recensuit* (Lipsiae, 1687), 674. Martini는 이 본문을 4세기 미드라쉬 시프레로부터 인용한다. 이 인용이 정확한지는 모르겠다. 누군가는 이것이 정말로 랍비 문헌이 맞는지 의구심을 가질 것이다. 다른 한편으로 Martini가 논쟁가였고, 심지어 히브리 전문가로서 그가 상당한 권한을 가지고 있었다고 해도, 그렇게나 섬세한 미드라쉬 형식의 문서를 위조했을 것 같진 않다. Leopold Zunz부터 나의 선생님 Saul Lieberman에 이르기까지 현대 유대학자들은 Martini의 증언을 신뢰할 만한 것으로 받아들였다.

23. Neubauer, *Fifty-Third Chapter*, 23.

지는 모쉐 알쉐흐(Moshe Alshekh)는 다음과 같이 기록한 바 있다.
"나는 이 선지자가 왕 되신 메시아를 말하고 있다는 견해를 우
리 랍비들이 한 목소리로 받아들이고 지지함을 말하고자 한다.
또한 우리 스스로가 그 같은 견해를 따른다."[24] 스페인계 유대
인들 중 뛰어난 지성인으로 꼽히는, 랍비 모세 벤 나만(Moses ben
Nahman)은 탈무드 랍비들과 미드라쉬를 따라 이사야 53장은 전
체적으로 메시아에 관한 내용임은 인정했으나 그 자신은 의견
을 달리했다.[25]

우리가 살펴봤듯이 유대교도 유대인들도 이 (해석학적이
고) 신학적인 질문에 대해 한 목소리를 내지 않았다. 따라서 그
사람의 아들이 겪은 많은 고난과 멸시와 버림받음이 유대교 혹
은 이스라엘 종교와 분리를 만들어 냈다는 주장은 의미가 없다.
실제로 복음서들 안에 있는 이러한 개념들도 가장 유대적인 주
해 형식, 곧 미드라쉬의 방법을 통해 토라(가장 넓은 의미에서
성경을 가리킴)로부터 나온 것이다.[26] 본질적으로 '(십자가에서
나온) 기독교인의 메시아 개념이냐 아니면 유대인의 (승리주의

---

24. Ibid., 258.

25. Ibid., 78.

26. 나는 예수의 추종자들이 이 특정한 미드라쉬를 고안해 내지 않았다
고 주장하는 것이 아니다. 오히려 그들이 그렇게 했다면, 그 해석학
적 관습은 그들이 가진 종교적인 사고와 상상에 담긴 "유대적인 성
격"(Jewishness) 그 자체에 맞춰진 것이라 주장하는 것이다.

자) 메시아 개념이냐'의 대결 같은 것은 없다. 단지 하나의 복합적이고 경쟁적인 메시아 개념, 곧 마가와 예수께서 유대인 공동체 전체와 함께 공유했던 메시아 개념이 있을 뿐이다. 자신이 받을 고난을 예언하신 그리스도, 수난 내러티브 속 바로 그 고난, 그리스도의 수난에 대한 설명은, "기독교는 온전히 유대 토양에서 자랐다"는 마르틴 헹엘의 주장과 결코 어떤 점에서도 부딪치지 않는다.[27]

　복음서의 유대교는 쉽게 말해 전적으로 유대-메시아 운동이었으며, 복음서는 유대적인 그리스도의 이야기이다.

---

27. Martin Hengel, "Christianity as a Jewish-Messianic Movement," in *The Beginnings of Christianity: A Collection of Articles,* ed. Jack Pastor and Menachem Mor (Jerusalem: Yad Ben-Zvi Press, 2005), 85.

에필로그:
유대적인 복음서

기독교가 히브리성경을 도용하여 비-유대적인 방향으로 되돌리고 그 의미를 왜곡했다고 유대인들이 주장하는 것이 드문 일은 아니다. 본서는 두 가지 측면에서 그러한 주장에 맞서고 있다. 한편으로, 나의 논지가 함축하는 바는 다음과 같다. 기독교는 구약성경만을 장악한 것이 아니라 신약성경 역시 장악했다. 1세기 팔레스타인 유대 공동체의 문화적 기원들로부터 철저하게 유대적인 텍스트〔신약성경〕가 돌아서게 함으로써, 그리고 신약성경이 유대인들의 전통—신약성경 텍스트가 지키려고 애썼던 전통들, 곧 그 내러티브에 풍요로운 문학적·해석학적 배경을 제공하는 전통들—에 대한 공격이 되게 만듦으로써 가능한 일이었다. 또 다른 한편으로, 본서는 신약성경 자체가 도용이라는 개념, 더 정확히 표현하자면 구약을 잘못 사용한 것이라는 개념에 맞서고 있다. 만약 본서에 제시된 해석들이 타당하

다면, 신약성경은 많은 이들이 상상한 것보다 훨씬 더 깊이 제
2성전기 유대인의 삶과 사상에 뿌리박고 있다고 할 수 있다. 다
시 강조하지만 이는 심지어 우리가 유대적인 것과 대조되어 가
장 기독교적인 특징이 드러난다고 여기는 시기에도 마찬가지
다. 그 특징이란 곧 성부와 성자라는 이중 신격 개념, 구원자는
곧 하나님이자 인간일 것이란 개념, 그리고 이 구원자는 구원하
는 과정의 일부로 고난을 받고 죽음을 맞게 될 것이란 개념을
말한다. 적어도 이 개념들의 일부 즉, 성부/성자 신격 그리고
고난받는 구원자는 히브리성경에 깊게 뿌리내리고 있다고 할
수 있다. 또한 이 개념들은 아마도 이스라엘 사람들이 하나님과
세계에 대해 가지고 있었던 가장 오래된 개념들 가운데 이미
존재했을 것이다.

오늘날 많은, 아니 어쩌면 대부분의 신약학자들은, 복음서
들이 말하는 예수 이야기의 가장 놀라운 부분—그분이 메시아
이며 그 사람의 아들이라는 것, 그분이 죽으셨고 부활되셨다는
것, 그리고 그분이 하나님으로 예배를 받게 되셨다는 것—은 모
두 십자가 사건 이후(ex eventu) 가장 초기에 예수를 따랐던 이들
에게서 유래한다고 주장한다. 예수의 죽음과 부활 후 나타나신
바에 대한 체험의 여파로 이 개념들을 발전시켰다는 것이다. 오
늘날 가장 탁월하며 가장 존경받는(물론 나 역시도 존경한다)
신약학자들 중 한 명인 아델라 야브로 콜린스(Adela Yarbro Collins)

는 가감 없이 다음과 같이 말했다. "대부분 신약학자들은 여전히 불트만의 판단, 곧 고난받아 죽고 다시 살아나는 메시아 혹은 사람의 아들이란 개념이 발생한 것은, '예수 자체에 의해서 이뤄진 것이 아니라,' 십자가 사건과 부활하신 예수에 대한 체험 이후(*ex eventu*) 예수를 따르는 이들에 의해서 이뤄진 일이라는 그의 판단에 동의할 것이다.[1] 이와 같은 사람들 속에서 콜린스는 그리스도, 예수의 고양된 신분, 그 사람의 아들에 관한 오늘날 지배적인 학계 전통의 완벽한 대표자라 할 수 있다. 최근에 랍비(문헌)를 연구하는 한 정통 유대학자는 나에게, 복음서 이야기는 나사렛 예수라는 사람의 놀라운 생애와 죽음에 의해 발생한 완전히 새로운 이야기라 말하기도 했다.

내 안에 있는 역사가는 이러한 말들에 반발한다. 세계를 뒤흔든 믿음과 의식의 변화를 역사적으로 설명하는 데 있어서 예수의 독특한 특성—그가 예외적으로 주목할 만한 사람이었다는 것은 나도 의심치 않는다—을 말하는 것조차 나에게는 설득력이 별로 없어 보인다. 신적 존재와 역할에 관한 설득력 있는 내러티브가 발전하는 데 있어서 예수께서 아주 특별한 존재였다

---

1. Adela Yarbro Collins, "Response to Israel Knohl, Messiahs and Resurrection in The Gabriel Revelation," in *Hazon Gabriel: New Readings of the Gabriel Revelation*, ed. Matthias Henze, Early Judaism and Its Literature, 29 (Atlanta: Society of Biblical Literature, 2011), 97.

는 것은 꼭 필요한 일이었을 것이다. 하지만 그것만으론 충분하지 않다. 심지어 앞서 부활한 그리스도에 대한 체험이 예수께서 부활하셨다는 생각을 낳았다는 개념도 믿기 어려우며 가능성도 희박해 보인다. 어쩌면 예수를 따르던 자들은 그분께서 살아나신 것을 봤을 수도 있다. 그러나 이는 분명 그러한 나타나심을 기대할 수 있게 한 내러티브를 그들이 가지고 있었기 때문이다. 그 나타나심이 내러티브를 만들어낸 것이 아니다.* 내가 본서에서 제시한 것과 같은 대안이 훨씬 더 역사적으로 가능성이 있어 보인다. 수세기 동안 사람들은 새로운 왕, 곧 셀류키드 왕조와 로마의 핍박으로부터 그들을 구원하러 올 다윗의 후손에 대해 읽고 말하고 생각해왔다. 그리고 아주 오래된 전통을 가지고 다니엘서를 숙고한 결과 그 왕을 제2위의, 더 젊은 신적 존재로 생각하게 되었다. 그렇게 그들은 나사렛 예수 안에서, 그들이 오리라 기대했던 메시아, 그리스도를 보게 되었다. 선지자, 마술사, 기적을 일으키는 선생에 관한 비교적 평범했던 이야기가, 그 선생이 스스로를 그와 같이 오시는 분으로 이해하게 되면서—혹 다른 사람들이 그렇게 이해하게 되면서—완전히

---

* 내 생각을 여기서 분명히 밝혀야겠다. 나는 이 사안에 대한 기독교인들의 종교적 견해가 유효하다는 것을 부정하지 않는다. 분명한 점은 그것이 학문의 영역이 아니라 신앙의 영역이란 것이다. 따라서 그 견해를 역사적, 학술적, 비평적인 설명으로서는 부정한다.

달라지게 되었다. 그분의 생애, 특권, 권세 심지어 승리 이전 고난과 죽음에 대한 내막들은 모두, 성경을 미드라쉬적으로 세밀하게 읽은 데에서부터 발전해 나온 것이며, 이것들은 결국 그분의 생애와 죽음 안에서 성취된다. 예수를 따르던 자들이 체험한 승귀와 부활은 이 내러티브의 결과이지 원인이 아니다. 이것은 예수 혹은 그분의 초기와 후기 추종자들에게서 발견되는 어떤 독창성을 부정하는 것이 아니다. 하지만 여기서 분명하게 말하고자 하는 것은 바로, 그러한 독창성은 1세기 유대인의 소리가 퍼지는 반향실〔echo chamber〕 즉, 유대인의 문헌적〔textual〕, 상호본문적〔intertextual〕 세계 안에서 가장 풍요롭고 설득력 있게 읽어낼 수 있다는 것이다.